Demokratie-Geschichte
Band 4

Wissensreihe im Auftrag der Gesellschaft zur Erforschung der Demokratie-Geschichte

Herausgegeben von
Christian Faludi

Redaktion
Marc Bartuschka

Walter Mühlhausen

HYPERINFLATION UND STAATSKRISE

DIE WEIMARER REPUBLIK AM ABGRUND 1923

Walter Mühlhausen, geb. 1956 in Eichenberg, war bis zum 31. März 2023 Geschäftsführer und Vorstandsmitglied der Stiftung Reichspräsident-Friedrich-Ebert-Gedenkstätte in Heidelberg. Er lehrt als apl. Professor an der Technischen Universität Darmstadt, wo 2006 die Habilitation erfolgte, und gehört u. a. der beim Hessischen Landtag angesiedelten »Kommission für Politische und Parlamentarische Geschichte des Landes Hessen« an. Er veröffentlichte zahlreiche Bücher zur hessischen Geschichte; zuletzt erschien im März 2023: *Hessen im 20. Jahrhundert*.

Inhalt

Einleitung
»Eine schwere Zeit hebt an« –
1923 als Krisenjahr der Republik

»Eine schwere Zeit hebt an, wohl schwerer noch als die Jahre, die wir seit dem Kriege durchlebten.«[1] Diese Zeile von Reichspräsident Friedrich Ebert und der Reichsregierung sollte sich bewahrheiten. Sie stammt aus dem Aufruf vom 11. Januar 1923 anlässlich der Ruhrbesetzung. Das Jahr 1923 brachte die schwerste Krise seit den Revolutionstagen: Es begann mit der Besetzung des Ruhrgebietes durch fünf französische Divisionen und kleinere belgische Einheiten. Der daraufhin vom Deutschen Reich als Abwehrmaßnahme ergriffene passive Widerstand heizte die latente Inflation an. Die Geldentwertung in bis dahin unbekannte Höhen drückte den Lebensstandard. Der Kampf um das tägliche Brot mündete in einen zunehmenden sozialen Protest. Im Zuge der dramatischen Wirtschafts- und Finanzkrise verzeichneten jene extremen Parteien Zulauf, die versuchten, die Republik zu zertrümmern. Die durch die Ruhrbesetzung ausgelösten zentrifugalen Kräfte bedrohten die innere Stabilität: Separatisten setzten auf Trennung vom Reich. Mehr noch: Eine bis zur Aufkündigung der Gefolgschaft bereite bayerische Regierung und Regierungsbündnisse der Sozialdemokraten mit der antidemokratischen KPD in Sachsen und Thüringen stellten weitere Brandherde dar. All dies kulminierte im Herbst, wie die Fotografin und Schriftstellerin Thea Sternheim unter dem 23. Oktober im Tagebuch notierte: »Wachsende Verelendung. Die Geschäfte gähnen Leere, während vor den Schaufenstern aus allen Klassen zusammengewürfelte Menschen die auf Milliarden gekletterten Zahlen der Preise anstieren. [...] Nirgends ist Fleisch, nirgends ist Brot zu haben. [...] 40 Milliarden Papiermark für den Dollar. Das faszistische Bayern in offenem Aufruhr regiert selbständig vom Reich. Sachsen ist mit Reichswehr überschwemmt. [...] Die separatistische Bewegung im Rheinland greift um sich [...].«[2]

Die politische Instabilität im Innern war gekennzeichnet durch nicht weniger als fünf Regierungen innerhalb von zwölf Monaten: Der »Regierung der Fachleute« unter dem parteilosen Wilhelm Cuno folgten zwei Kabinette der Großen Koalition aus SPD, katholischer Zentrumspartei und den beiden liberalen Parteien Deutsche Demokratische Partei (DDP) und Deutsche Volkspartei (DVP), geführt von Gustav Stresemann, der sich nach dem Ausscheiden der Sozialdemokraten noch einige Wochen mit einer Rumpf-Regierung behaupten konnte, ehe ihn Wilhelm Marx mit einer bürgerlichen Minderheitsregierung ablöste. Angesichts der Krise des parlamentarischen Systems, die sich in zahlreichen gesetzesvertretenden Verordnungen niederschlug, schmiedete die politische Rechte Pläne für eine Diktatur, übten sich die Kommunisten im Weitertreiben der Revolution von 1918/19. Im Herbst 1923 stand Deutschland am Abgrund. Es ging im fünften Jahr nach Kriegsende um nichts weniger als »um das Überleben des parlamentarischen Systems«.[3] Manch kundiger Beobachter, wie der britische Botschafter Viscount D'Abernon, erkannte erst am Jahresende, wie knapp das Reich an der Katastrophe vorbeigeschrammt war, »wie nahe das Land am Abgrund stand«.[4]

Dieses Katastrophenjahr darf als bestens »ausgeforscht« gelten; die zentralen Ereignisse sind in Gesamtdarstellungen und Einzelstudien detailliert beschrieben worden, nicht erst durch eine Vielzahl populärer Abhandlungen, die zum 100. Jahrestag die mediale Aufmerksamkeit nutzten. Das eigentliche Jubiläum ist nun passé, sodass diesem Überblick nicht der Vorwurf zu machen ist, Teil einer ausufernden Jubiläumitis zu sein, wie der Historiker Marco Demantowsky das Phänomen der Jahreszahlenpublikationen bezeichnet. Durch die bewusste »Verspätung« kann auf die allerneueste Literatur zurückgegriffen und – in begrenztem Rahmen – auf ihre mitunter kühnen Thesen eingegangen werden. Bleiben wir bescheiden: Diese kompakte Darstellung versteht sich als eine traditionelle Arbeit, die nicht den Anspruch erhebt, substantiell Neues aufzubereiten. Aber sie kommt zu einigen nuancierten Wertungen, stützt sich dabei vor

Jonglieren mit Extremen – der Geldschein mit dem höchsten Nominalwert in der Inflation: 100 Billionen Mark. Er wird von der Reichsbank am 15. Februar 1924 aufgelegt, als die Währungsreform bereits eingeleitet worden ist.

allem auf den Fundus an Quellen, die im Rahmen der 2006 erschienenen Studie über den Reichspräsidenten Friedrich Ebert gesichtet wurden.[5]

Die Betrachtung kann angesichts der Gleichzeitigkeit von Ereignissen und Entwicklungen nicht den Anspruch auf Vollständigkeit erheben, denn dazu »passierte« 1923 einfach zu viel an zu vielen Orten. Sie konzentriert sich unter der demokratiegeschichtlichen Perspektive auf die zentralstaatliche Entscheidungsebene als Handlungsraum – oder als Frage ausgedrückt: Wie reagierte die Politik in Berlin auf das, was im Lande geschah? Denn bei der Grundannahme, dass das Reich kurz vor dem Absturz gestanden habe, muss schließlich erläutert werden, warum dieser nicht erfolgte. Daher werden – in groben Zügen – die zur Kulmination der Krise beitragenden Ereignisse geschildert, um vor deren Hintergrund Handlungsmotive und Entscheidungen von Exekutive und Legislative und deren Wirkungsmacht einordnen zu können. Welches Krisenmanagement hatte welchen Effekt und führte zu welchem (End-)Ergebnis? Über allem steht die Frage: Wie funktionierte die erst vier Jahre alte Demokratie, wie überlebte sie das Jahr, wo nahm sie kurzfristig und – mit Blick auf ihr Ende 1933 – auch dauerhaft Schaden? Dabei gilt auch für diese vorliegende Analyse jene für alle historische Betrachtungen gleichermaßen zutreffende Feststellung: Es ist der subjektive Blick des Verfassers auf das Geschehene, also nur einer von vielen möglichen Gängen durch die Geschichte von Raum und Zeit.

Die Republik um die Jahreswende 1922/23

Zum Jahresende 1922 publizierte das Satireblatt *Simplicissimus* die düster-prophetische Karikatur *Höllisches Neujahr*, auf der drei Teufel in einem großen Kochtopf mit der Gravur »1923« einen dampfenden Sud anrühren: »Die Mischung ist ausgezeichnet! Es geht doch nichts über französische Rezepte!«[6] In dieses zweifelsohne »höllische« Jahr ging das Reich mit der seit dem November 1922 amtierenden Regierung der »Persönlichkeiten« unter Reichskanzler Wilhelm Cuno, die ihr Entstehen wesentlich der Initiative des Reichspräsidenten zu verdanken hatte. Der Generaldirektor der Hamburger Hapag-Reederei war bereits der sechste Reichskanzler seit dem Februar 1919. Dem Quereinsteiger eilte der Ruf des erfolgreichen Industriekapitäns voraus. Die Beauftragung eines nicht aus dem Parlaments- und Parteigetriebe stammenden Kandidaten mit der Kanzlerschaft besaß in der Situation nach dem Scheitern des vorherigen Kabinetts von Joseph Wirth durchaus Logik. Denn der Zentrumsmann hatte ohne große Not, getrieben von der eigenen Partei, Verhandlungen um eine Große Koalition begonnen, obwohl sein Bündnis aus Zentrum, (M)SPD und linksliberaler DDP, das 1921 als Minderheitsregierung gestartet war, sich parlamentarisch seit der am 24. September 1922 vollzogenen Wiedervereinigung von SPD und großen Teilen der in der Opposition befindlichen Unabhängigen Sozialdemokratischen Partei Deutschlands (USPD), die sich 1917 von der SPD abgespalten hatte, wieder einer satten Mehrheit erfreute. Am 14. Juli hatten sich die Fraktionen von SPD und oppositioneller USPD zu einer Arbeitsgemeinschaft zusammengeschlossen. Mit Blick auf die parlamentarische Arithmetik war das Ende der Regierung Wirth daher nachgerade überflüssig. Aber der wiedervereinigten SPD (offiziell eine Zeit lang VSPD), deren

Fraktion sich schlagartig von 103 auf 180 Mandate vergrößert hatte und bei der die Koordinaten sich nach links verschoben, wollten die bürgerlichen Koalitionäre mit einer Beteiligung der rechtsliberalen DVP begegnen. Wirth manövrierte sich in eine Sackgasse, aus der es keinen parteipolitischen Ausweg zu geben schien.

Cunos Beauftragung war Symptom der Krise des Parteienstaates. Der Ruf nach dem »bewährten« Wirtschaftsfachmann und einem Kabinett der »unparteiischen« Fachleute hallte schon seit einiger Zeit durch die politische Landschaft. Darin steckte ein hohes Maß an vormodernem Harmoniebedürfnis und eine gehörige Portion Enttäuschung über das »Parteigetriebe«, über Politiker mit Parteibuch, die Politik nur zum »Wohl« der eigenen Organisation, aber nicht eines wie auch immer definierten »großen Ganzen« betreiben würden. So saßen im neuen Kabinett vier offiziell Parteilose.

Die neue Regierung wurde mit einigen Vorschusslorbeeren bedacht, war doch die Partei der Industrie, die DVP, beteiligt und stand ihr ein Mann vor, der selbst aus der Wirtschaft kam. Deshalb waren mit ihr Hoffnungen verknüpft, die Frage der sich aus dem Friedensvertrag ergebenden Reparationen wenn schon nicht zu lösen, so doch zumindest ein entscheidendes Stück einer Lösung näherzubringen. Der Versailler Vertrag vom Juni 1919 hatte das Reich wie ein Keulenschlag getroffen. Doch obwohl die Entschädigungsforderungen hart waren, die Friedensbedingungen in ihrer Gesamtheit eine extreme Belastung für das ohnehin an den Kriegsfolgen leidende Reich darstellten und Deutschland auf den Status einer Mittelmacht zurückwarfen, blieb das staatliche Gefüge weitgehend erhalten, auch wenn später noch Gebiete verloren gingen.

Die Entschädigungsfrage brannte auch der neuen Regierung auf den Nägeln. Aus parlamentarischer Sicht handelte es sich um ein bürgerliches Minderheitskabinett, das ohne direkte Koalitionsvereinbarung geschaffen worden war. Cunos Regierung war allerdings auf das Wohlwollen der SPD angewiesen. Um nicht schon beim Start ins Schlingern zu geraten, begnügte man sich im Reichstag mit einer

Entgegennahme der Regierungserklärung. Die Parlamentarier – mit Ausnahme der Kommunisten – billigten, dass die neue Regierung die von ihrer Vorgängerin am 13. November verabschiedete Reparationsnote zur Grundlage ihrer Politik erklärte.[7] Darin hatte man um ein drei- bis vierjähriges Moratorium für alle Reparationsleistungen gebeten. Da die Note die Unterstützung von der SPD bis hin zur DVP gefunden hatte, konnte sie die außenpolitische Basis der neuen Regierung sein. Erstmals sprach auch die antirepublikanische Deutschnationale Volkspartei (DNVP) einer Reichsregierung (wenn auch in dieser Form eher verklausuliert) das Vertrauen aus. Zum Amtsantritt reichte ein solches Votum aus, denn Verfassungsrecht und -praxis in Weimar gingen davon aus, dass eine Regierung so lange das Vertrauen des Parlaments besaß, bis es ihr über eine Abstimmung direkt entzogen wurde.

Bereits Cunos Vorgänger hatten schwer an der Hypothek der Niederlage tragen müssen: Die im Versailler Vertrag festgelegte Reduktion des Heeres auf 100 000 und der Marine auf 15 000 Mann sorgte natürlich für Unruhe besonders im Militär und konservierte den Antirepublikanismus in der Truppe nicht nur, sondern steigerte ihn nachgerade. Der von der Reichsregierung 1920 begonnene Abbau der Streitkräfte war für General Walther von Lüttwitz und einen Kreis von Verschwörern um den ostpreußischen Generallandschaftsdirektor Wolfgang Kapp im März der Anlass zum Losschlagen. Doch die Umstürzler scheiterten schon nach fünf Tagen ganz wesentlich an dem von der Arbeiterbewegung ausgerufenen Generalstreik und auch an der Weigerung der Beamten, sich ihnen zur Verfügung zu stellen. Das Ende des Kapp-Lüttwitz-Putsches führte aber nicht zu einer durchgreifenden »Republikanisierung« der Reichswehr, weder ideell noch personell. Hatte die politische Führung bis dahin wie selbstverständlich zur Sicherung von Ruhe und Ordnung auf die Reichswehr zurückgegriffen, so wurde das Militär nach einem letzten größeren Einsatz bei der Niederschlagung der Roten Ruhrarmee im März und April 1920 von dieser Aufgabe entbunden.

Da hinsichtlich der militärischen Auflagen des Friedensvertrages letztlich kein Verhandlungsspielraum bestand, bemühten sich Parlament und Regierungen zentral um die Revision der Reparationslasten. Noch bevor die Sieger die im Friedensvertrag offen gelassene Reparationssumme im April 1921 auf 132 Milliarden Goldmark festschrieben, hatte das Reich 20 Milliarden Goldmark in Geld und Sachwerten geleistet. Die Festlegung der Summe war mit dem Londoner Zahlungsplan verknüpft, nach dem Deutschland jährlich zwei Milliarden Goldmark und ein weiteres Viertel des Wertes seiner Exporte (was zusätzlich rund einer Milliarde entsprach) zu entrichten hatte. Über die ultimative Forderung einer Annahme des Zahlungsplans trat das Kabinett von Constantin Fehrenbach (Zentrum) im Mai 1921 zurück. Nach Akzeptierung der von den Alliierten auferlegten Modalitäten durch den Reichstag setzte die neue Regierung Wirth auf die »Erfüllungspolitik«, der die Strategie zugrunde lag, augenscheinlich zu versuchen, den Zahlungsverpflichtungen nachzukommen, um so deren Unerfüllbarkeit unter Beweis zu stellen. Auf diese Weise sollten die Alliierten zur Herabsetzung der Lasten gezwungen werden. Die Reichsregierung sah sich im Juli 1922 angesichts des Absturzes der Mark gezwungen, eine Stundung der monatlichen Zahlungen für das laufende Jahr und die Befreiung von Barzahlungen für 1923 und 1924 zu beantragen.[8] Ein Moratorium lehnten die Sieger aber ab.

Zu einer finanzpolitischen Rosskur, die zur Leistung der Reparationszahlungen unabdingbar gewesen wäre, konnte man sich nicht durchringen, sodass die von der nationalen Rechten vehement bekämpfte Strategie ohne Wirkung blieb. Mit dem negativ besetzten Schlagwort »Erfüllungspolitiker« verfügten die Republikgegner über ein weiteres Narrativ gegen die Demokratie und ihre Träger. Die bis dahin gebräuchlichste Schmähung war jene vom »Novemberverbrecher«: Der Arbeiterbewegung und ihren Führern wurde in Verdrehung der Wirklichkeit die Schuld am Zusammenbruch angelastet und so das Militär von der Verantwortung für die Niederlage

Gift in der Republik: die Dolchstoßlüge auf einer republikfeindlichen Postkarte. Während im Hintergrund Revolutionäre mit Fahnen aufmarschieren, rammt der als »Novemberverbrecher« verleumdete Philipp Scheidemann (SPD), der am 9. November 1918 vom Berliner Reichstag die Republik ausgerufen hat, dem tapfer kämpfenden Soldaten das Messer in den Rücken, beäugt vom Zentrumspolitiker Matthias Erzberger (hinter ihm), der am 11. November 1918 das Waffenstillstandsabkommen unterzeichnet hat. Das Ganze wird garniert mit tumber antisemitischer Hetze: Zwei Geld zählende »jüdische« Kriegsgewinnler beobachten die Szenerie.

entbunden. Nach der vor allem im rechten demokratiefernen Milieu kultivierten »Dolchstoßlegende« hatten innere Unruhen und nicht zuletzt die Revolution die Kriegsniederlage verschuldet. Die angeblich »im Felde unbesiegte« Armee sei durch die Novemberverbrecher »von hinten erdolcht« worden. Das Konstrukt vom Verrat konnte nur reifen, weil die militärische Führung Politik und Öffentlichkeit so lange über den tatsächlichen Kriegsverlauf, die sich seit dem Sommer 1918 abzeichnende Niederlage, im Unklaren gelassen hatte. In den Augen der Rückwärtsgewandten resultierte aus dem Dolchstoß der weithin als Schmachfrieden verdammte Versailler Vertrag. So war die Republik kein Konsensmodell; es gab starke

Kräfte links und rechts, die diese neue Staatsordnung ablehnten, und manche, die sie zertrümmern wollten.

In dieser innenpolitischen Melange suchte das besiegte Deutschland seinen aus dem Versailler Vertrag entsprungenen Verpflichtungen so weit wie möglich nachzukommen. Die Besetzung des Ruhrgebietes im Januar 1923 musste geradezu als das Ende aller Bemühungen erscheinen, die Fesseln von Versailles lockern zu können.

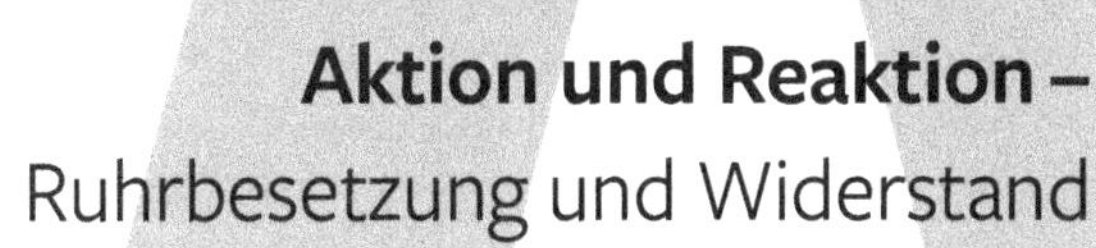

Aktion und Reaktion –
Ruhrbesetzung und Widerstand

Die Reichsregierung beschloss am 19. Dezember 1922, einen Minister in den Westen zu schicken, um dort die Solidarität des Reiches mit dem gemäß Waffenstillstand vom November 1918 und Friedensvertrag vom Juni 1919 besetzten Rheinland zu bekunden.[9] Es sollte am 9. Januar unter anderem nach Essen gehen, dem Zentrum des von einer möglichen weiteren Besetzung bedrohten Ruhrgebietes. Doch zwei Tage vor der Abreise wurde die Mission, an der auch Reichspräsident Friedrich Ebert teilnehmen wollte, abgesagt: Die außenpolitische Lage hatte sich dramatisch zugespitzt.

Die Pariser Regierung des seit Januar 1922 amtierenden Ministerpräsidenten Raymond Poincaré zeigte sich entschlossen, die eigentlich schon seit dem Sommer 1922 geplante Ruhrbesetzung zu vollführen. Dem Hardliner von der Seine ging es um Kohle und Sicherheit, um die Eintreibung der Reparationen und um die Festigung der Machtposition. Besatzung schien das adäquate Mittel von Politik, wie es im März 1921 Düsseldorf und Duisburg hatten erfahren müssen. Am 26. Dezember 1922 konstatierte die alliierte Reparationskommission die unzureichende Lieferung von Holz und lehnte sogleich die deutscherseits am 1. Dezember beantragte Verlängerung der »Lieferfrist bis zum 31. März« ab.[10] Die Sache nahm ihren Lauf.

Die Regierung Cuno hatte bis dahin auf dem reparationspolitischen Feld nichts bewirken können. Der Wirtschaftsfachmann glaubte die Frage von den machtpolitischen Spannungen zwischen Deutschland und Frankreich abkoppeln und wie ein geschäftliches Problem angehen zu können, in etwa nach dem Motto: Auf ein Angebot reagiert die Gegenseite mit einem Gegenvorschlag, und dann trifft man sich ungefähr in der Mitte. Solches Basarfeilschen war aber nicht die Art, wie das Reparationsproblem gelöst werden konnte. Frankreich blieb hart. Bereits das erste reparationspolitische Unterfangen Cunos war wirkungslos verpufft. Für die Beratungen der alliierten Regierungschefs in London am 9. Dezember 1922 übersandte Berlin einen Vorschlag, der an die deutsche Note vom 13. November anknüpfte.[11] Die deutsche Offerte wiesen die Alliierten umgehend als unzureichend zurück. Auch die weiteren Bemühungen zur Abwendung des Ruhreinmarsches blieben ohne Ergebnis. Die deutsche Note zur Pariser Reparationskonferenz mit einem Plan zur endgültigen Regelung der Entschädigungen wurde zwar noch eiligst in der Nacht auf den 4. Januar 1923 an die deutsche Botschaft in Paris gedrahtet, doch konnte der Vorschlag nicht mehr den Alliierten vorgelegt werden, da die Konferenz abgebrochen worden war. So musste Berlin eigentlich wissen, dass Frankreich nun die Hand nach dem industriellen Herzen Deutschlands ausstrecken würde.

Für die neuerliche Aktion bedurfte es nur noch eines Anlasses. Den konstruierte am 9. Januar die Reparationskommission, indem sie zu geringe deutsche Kohlelieferungen konstatierte. In der französischen Erklärung vom Tag darauf wurde die Entsendung eines Inspektionskommandos mit der Nichterfüllung »hinsichtlich der Lieferungen von Holz und Kohle an Frankreich« begründet. Man gab weiter zu verstehen, dass nicht daran gedacht sei, »zu einer militärischen Operation oder gar dauerhaften Besetzung politischer Art zu schreiten«. Zum Schutz der Mission würden lediglich die »erforderlichen Truppen einrücken«.[12] Mit solchen Worten ließ sich die tatsächliche Militäraktion kaum kaschieren. Sie war eine Invasion und wurde im Reich und vor allem im betroffenen Ruhrgebiet als eine solche empfunden.

Berlin hatte zuvor in einem Aufruf von Reichspräsident und Reichskanzler an die Ruhrbevölkerung die erwartete Okkupation als Bruch des Friedensvertrages und als »Fortsetzung des Unrechts und der Gewalt« gebrandmarkt, sogleich jedoch zum Ausharren aufgefordert.[13] Nach der Publikation des Aufrufs versammelte sich am frühen

Abend des 9. Januar der Ministerrat beim Reichspräsidenten, um Gegenmaßnahmen zu erörtern. Entscheidend war dabei, zu welchen Aktionen Arbeiterschaft und Unternehmer des betroffenen Gebietes in der Lage sein würden.

In diesem Zusammenhang hatten Ebert und Cuno im Vorfeld der Krisensitzung unabhängig voneinander mit Vertretern der mächtigen sozialdemokratischen Freien Gewerkschaften, des Allgemeinen Deutschen Gewerkschaftsbundes (ADGB), konferiert. Für einen umfassenden Streik war nach deren Einschätzung die Vorbereitungszeit zu kurz; außerdem glaubten sie innerhalb der Arbeiterschaft nur wenig Bereitschaft für einen längeren Ausstand zu erkennen.

Den Gewerkschaften konnte an diesem 8. Januar bereits Mitteilung von der beabsichtigten Verlegung des in Essen ansässigen, für die Verteilung der Kohle zuständigen Rheinisch-Westfälischen Kohlensyndikats nach Hamburg gemacht werden. Damit sollte den Franzosen die direkte Verfügungsgewalt über diese Schaltzentrale genommen werden. Dieser Schritt wurde am Abend des 9. Januar auf einer Mitgliederversammlung der betroffenen Unternehmen einstimmig beschlossen. So war der Weg frei für eine konzertierte Aktion im Ruhrgebiet.

Am 11. Januar folgten den Worten aus Paris die Taten am Rhein: Französische und belgische Truppen marschierten in das Ruhrgebiet ein, mit Panzerwagen, Infanterie und Kavallerie, als erstes in Essen: »Der Rubicon ist überschritten«, kommentierte die *Vossische Zeitung*.[14] Die eigentlich seit 1921 drohende und von den Ruhrgebietsstädten erwartete Invasion schweißte die Deutschen zusammen. So stellte sich Cunos Sorge, ob auf der eilends einberufenen Sondersitzung des Reichstags zwei Tage später eine Unterstützung der Regierungspolitik zustande kommen werde, als unbegründet heraus. Um dennoch auf alle Eventualitäten vorbereitet zu sein, hoffte er, dass ihm der Reichspräsident die Vollmacht zur Reichstagsauflösung an die Hand geben würde, die er dann bei einer Ablehnung zur Anwendung bringen konnte. In diesem Sinne wurde auch der Großindu-

Die Politik der produktiven Pfänder: Abtransport von Gütern aus dem Ruhrgebiet unter der Bewachung von zwei französischen Soldaten.

strielle Hugo Stinnes, zugleich DVP-Reichstagsmitglied, bei Ebert vorstellig. Aufgrund der vorangegangenen Gespräche mit SPD und Gewerkschaften konnte Ebert aber sicher sein, dass es dazu nicht kommen musste. Dennoch versicherte er Stinnes, gegebenenfalls vor dem äußersten Mittel nicht zurückzuschrecken.[15]

Die Sache verlief glatt. Als Reichskanzler Cuno am 13. Januar den Reichstag aufforderte, »allen müßigen Streit zu begraben«, fand die von der Zentrumspartei eingebrachte Resolution, in der die Besitznahme des Ruhrgebiets als »Recht- und Vertragsbruch« gegeißelt und der Regierung die Unterstützung des Hauses »mit allen Kräften« in der Abwehr des französisch-belgischen Einbruches versichert wurde, eine satte Mehrheit mit 284 gegen 12 Stimmen, bei 16 Enthaltungen, davon 13 aus der SPD, von der nur 79 mit Ja votierten. In den sozialdemokratischen Reihen klafften beträchtliche Lücken: Von den insgesamt 133 fehlenden Abgeordneten gehörten 73 der SPD an, die sich vorab nur knapp für die Resolution ausgesprochen hatte.[16] Dagegen stellten sich die Deutschnationalen, denen der Ruhreinmarsch reichlich Wasser auf ihre propagandistischen Mühlen goss, uneingeschränkt hinter das Kabinett – zumindest solange es eine »Abwehrregierung« bleibe.[17] Die in der Kundgebung zum Ausdruck kommende Solidarität hinterließ bei vielen ein Gefühl der Einigkeit, das jenem bei Kriegsausbruch im August 1914 wohl nur wenig nachstand, als der Reichstag einstimmig die Kriegskredite bewilligt hatte und der Burgfrieden geschlossen worden war. So hatten die bürgerlichen Parteien einschließlich DNVP und BVP zu dieser Sondersitzung am 13. Januar lediglich Gustav Stresemann, den Vorsitzenden der DVP, als gemeinsamen Redner aufgeboten, der mit wortgewaltigen Klagen vom frevelhaften »Völkerrechtsbruch« und von der »Vergewaltigung des deutschen Volkes« die einhellige Empörung über die gewaltsame Besetzung des industriellen Kernlandes artikulierte, die zur nationalen Einigung über die Parteigrenzen hinweg führte.[18] Das Reichstagsvotum sorgte für einen Moment der Zuversicht.

Um der Regierung die notwendigen Freiheiten des Reagierens einzuräumen, brachten DDP, Zentrum, DVP, BVP und auch DNVP am 17. Januar ein Ermächtigungsgesetz ein, das der Regierung erlauben sollte, die »Maßnahmen anzuordnen, die sich zur Abwehr der aus der wirtschaftlichen und sozialen Not für die Allgemeinheit drohenden Gefahren als notwendig erweisen«.[19] Dagegen bezog neben der KPD die SPD Stellung, auf deren Zustimmung es bei diesem verfassungsändernden Gesetz ankam, denn es bedurfte der qualifizierten Zweidrittelmehrheit, erzielt also bei Anwesenheit von mindestens zwei Dritteln der Mandatsträger. Für die Sozialdemokraten kam es nicht infrage, einer Regierung ohne feste fraktionelle Bindung diesen Freibrief auszustellen. Als Alternative wurde schließlich am 23. Februar ein umfangreiches, aber nicht mehr als verfassungsdurchbrechendes Notgesetz verabschiedet – mit einfacher Mehrheit.[20] Diese zunächst bis zum 1. Juni geltende Vollmacht dehnte der Reichstag bis Ende Oktober aus. Insgesamt wurden 15 Verordnungen gestützt auf das Notgesetz erlassen, denen 568 Gesetze und Verfügungen gegenüberstanden, die den ordentlichen legislativen Weg durchliefen.[21]

Die in der Verfassung eigentlich nicht vorgesehene, von der zeitgenössischen Staatsrechtslehre aber durchaus anerkannte parlamentarische Selbstpreisgabe der Macht fand damit zum dritten Mal Anwendung. Die ersten zwei Ermächtigungen 1919 und 1920 waren vage begrenzt gewesen. Die Fraktionen sahen die Delegierung der legislativen Befugnisse an die Regierung angesichts der Problemlagen nicht unbedingt ungern, entband sie dies doch von der direkten Verantwortlichkeit für unpopuläre Maßnahmen. Im Krisenjahr spielte das Verfahren eine dominierende Rolle, beginnend mit dem Notgesetz und fortgeführt mit Ermächtigungen der Kabinette Stresemann und Marx. Dazu später mehr.

Neben dem freiwilligen Verzicht auf die Gesetzgebung konnte der Reichspräsident im Einvernehmen mit der Regierung über den ursprünglich nur zur Wiederherstellung von Sicherheit und Ordnung ersonnenen Artikel 48 der Verfassung gesetzesvertretende Verordnungen am Parlament vorbei erlassen. Im Zeichen der sich zuspitzenden sozioökonomischen Lage wurde der Artikel 48 auch auf diesen Bereich ausgedehnt, wodurch er zu einem nahezu universell einsetzbaren Notfallinstrument wuchs. Ein erstes Mal war dies im Oktober 1922 der Fall, als man gegen Spekulationen mit ausländischen Zahlungsmitteln einschritt.[22] Das war der Auftakt zur Anwendung von Artikel 48 auf wirtschaftliche und finanzpolitische Felder, eine rechtlich durchaus kritisch betrachtete, insgesamt zeitgenössisch wenig hinterfragte Weiterung, die von den Verfassungsschöpfern ursprünglich so nicht gedacht gewesen war.

Politisch gesehen erschien es als besonders heikel, dass das sogenannte »Kabinett der Fachleute«, das keine Koalition im herkömmlichen Sinne darstellte, sich mit Billigung des Reichspräsidenten dieser Kurzstrecke zur Bekämpfung der wirtschaftlichen und finanziellen Notlage bediente. Doch das Parlament, das nach Absatz 3 von Artikel 48 die Rücknahme der Verordnungen verlangen konnte, tat dies nicht und ließ Cuno gewähren, was als Akzeptanz des Verfahrens gesehen werden darf. In der bis zum August währenden Amtszeit Cunos ergingen insgesamt elf Verordnungen nach Artikel 48, davon sechs als wirtschaftliche Notmaßnahmen mit Blick auf Ruhrbesetzung und Inflation.

Die Diskussion um den Erlass der Verordnung über den Devisenhandel »zum Einheitskurse«, die eine amtliche Fixierung des Wechselkurses verfügte, offenbarte dabei zweierlei: zum einen, wie umstritten die Verfahrensweise war, zum anderen, unter welch hohem zeitlichen Druck sich die Regierung wähnte. Die Verordnung gegen Valutaspekulation, die bei Inlandsgeschäften die Zahlung in ausländischer Währung untersagte, war am 8. Mai noch aufgrund des Notgesetzes erlassen worden.[23] In der Kabinettssitzung am Freitag, dem 22. Juni, favorisierte Cuno den Erlass der neuen Verordnung jedoch auf der Basis von Artikel 48, da die anderweitig notwendige Zustimmung des Reichsrates (auch beim Erlass über das Notgesetz) ein Inkrafttreten verzögern würde. Schließlich sollte schon der für den kommenden Montag erwartete Ansturm auf Devisen gebremst werden. Demgegenüber hegten einige Kabinettsmitglieder Bedenken. Im Innenministerium sprach man gar von einer der Verfassung zuwiderlaufenden Verordnung. Anders sah es Otto Meissner als Leiter des Büros des Reichspräsidenten und damit Sprachrohr der entscheidenden Instanz. Er wischte die Einwände mit einem »Ist aber verfassungsmäßig« beiseite. Das Kabinett stimmte schließlich dem Verfahren zu, wenn auch – so der Kanzler – »sehr ungern«. Die ausgebooteten Länder bat Cuno um Verständnis, dass die sofortige Verfügung ohne ihre Konsultation hatte erfolgen müssen.[24]

~~Entwurf~~

~~einer~~

Die Verfassung des Deutschen Reichs.

Vom 11. August 1919.

Das Deutsche Volk, einig in seinen Stämmen und von dem Willen beseelt, sein Reich in Freiheit und Gerechtigkeit zu erneuen und zu festigen, dem inneren und dem äußeren Frieden zu dienen und den gesellschaftlichen Fortschritt zu fördern, hat sich diese Verfassung gegeben.

Erster Hauptteil.

Aufbau und Aufgaben des Reichs.

Erster Abschnitt.

Reich und Länder.

Artikel 1.

Das Deutsche Reich ist eine Republik.
Die Staatsgewalt geht vom Volke aus.

Artikel 2.

Das Reichsgebiet besteht aus den Gebieten der deutschen Länder. Andere Gebiete können durch Reichsgesetz in das Reich aufgenommen werden, wenn es ihre Bevölkerung kraft des Selbstbestimmungsrechts begehrt.

Artikel 3.

Die Reichsfarben sind schwarz-rot-gold. Die Handelsflagge ist schwarz-weiß-rot mit den Reichsfarben in der oberen inneren Ecke.

Artikel 4.

Die allgemein anerkannten Regeln des Völkerrechts gelten als bindende Bestandteile des deutschen Reichsrechts.

Artikel 5.

Die Staatsgewalt wird in Reichsangelegenheiten durch die Organe des Reichs auf Grund der Reichsverfassung, in Landesangelegenheiten durch die Organe der Länder auf Grund der Landesverfassungen ausgeübt.

Artikel 6.

Das Reich hat die ausschließliche Gesetzgebung über:

1. die Beziehungen zum Ausland;
2. das Kolonialwesen;

Original der Weimarer Verfassung vom 11. August 1919: Sie erlaubt nicht nur über den auch 1923 angewandten Artikel 48 Einschränkungen des demokratischen Spiels.

Einheitsfront und Fliehkräfte

Die Besetzung des Ruhrgebiets traf den wirtschaftlichen Nerv des Reiches. Es war ein weiterer Nackenschlag für die Industrienation, die noch immer unter dem Schock der Abtretung halb Oberschlesiens mit seinen industriellen Zentren litt. Denn entgegen dem eigentlichen prodeutschen Resultat der friedensvertraglich verordneten Volksabstimmung vom März 1921, als fast 60 Prozent für den Verbleib bei Deutschland votiert hatten, hatte der Oberste Rat der Alliierten im Herbst des Jahres den wirtschaftlich bedeutsameren Teil der Provinz dem polnischen Staat zugeschlagen, was im Reich einhellige Empörung ausgelöst hatte. Dass nun auch noch das verbliebene industrielle Kernland unter Kuratel der unnachgiebigen Macht jenseits des Rheins gestellt wurde, warf die Beziehungen zwischen Deutschland und dem Westen zurück in die Zeit nach Kriegsende. Die überwiegende Mehrheit der Deutschen befiel ein Gefühl der Ohnmacht und des Ausgeliefertseins. Dass man unmittelbar nach dem Einmarsch die Reparationszahlungen und Sachlieferungen an die Okkupationsmächte einstellte, war eine logische Konsequenz. Das Reich setzte auf den passiven Widerstand, eine »Resistenz auf der ganzen Linie«, wie es der Kanzler im Ministerrat am 19. Januar nannte.[25] Die Bevölkerung im Ruhrgebiet sollte die Besatzungsmächte nicht unterstützen und diesen zunutze kommende Arbeiten einstellen, die Behörden sich den Anordnungen widersetzen, die Arbeiter durch Untätigkeit den Abtransport von Gütern nach Frankreich verhindern, um Poincarés Politik der produktiven Pfänder zu unterminieren. Die vom Reich alimentierte Arbeitsverweigerung schien das einzige Mittel, das den Deutschen zur Abwehr des französischen Griffs nach der deutschen Rüstkammer geblieben war. In der Tat war der Strategie in den ersten Wochen

Erfolg beschieden; Frankreich erhielt weniger Kohle als zuvor. Aber würde die deutsche Seite den Kurs auch durchhalten können?

An einen aktiven militärischen Widerstand war angesichts der personell und materiell den Okkupanten unterlegenen Reichswehr nicht zu denken. Gleichwohl wurde das für den Fall einer gänzlich ausweglosen Situation als Ultima Ratio in Betracht gezogen. General Hans von Seeckt, Chef der Heeresleitung, forcierte die geheime Verstärkung des militärischen Potentials, insbesondere die Bemühungen, unter Umgehung der Demilitarisierungsauflagen Zeitfreiwillige anzuwerben und mit paramilitärischen Verbänden der Rechten zu kooperieren. Beim Aufbau der »Schwarzen Reichswehr« spielte auch die preußische Regierung mit. Zu dieser geheimen Aufrüstung gehörte auch die Zusammenarbeit mit der Sowjetunion, die am Anfang stehende militärische und rüstungswirtschaftliche Kooperation von Reichswehr und Roter Armee.

Der passive Widerstand blieb trotz solcher Aktionen und Planspiele die einzig sinnmachende Form der Gegenwehr, getragen von der Erwartung, durch innere Geschlossenheit dem Aggressor auf unbestimmte Zeit trotzen zu können. Dabei beherrschte Starrköpfigkeit das Bild links und rechts des Rheins: Für Cuno galt die am Beginn des Ruhreinbruchs ausgegebene Parole »Keine Verhandlung ohne vorherige Räumung«, für Frankreich die Prämisse »Keine Verhandlung ohne vorherige Aufgabe des passiven Widerstands«.[26]

Die Franzosen konterten die deutsche Verweigerungsstrategie mit einer ganzen Palette von Gegenmaßnahmen. Einige besaßen einen juristischen Anstrich. So wurden sechs Industriekapitäne mit August Thyssen an der Spitze wegen der Weigerung, Kohle im bisherigen Umfang zu liefern, von einem französischen Kriegsgericht in Mainz zu Geldstrafen verurteilt.[27] Daraufhin kam es zu Ausschreitungen, die von den Franzosen mit Ausweisungen bestraft wurden. Dies traf den Mainzer Oberbürgermeister Karl Külb am 25. Januar, den man dafür verantwortlich machte, dass die Polizei nicht konsequent gegen die Protestierer eingeschritten sei. Erst im Juli 1924 wurde

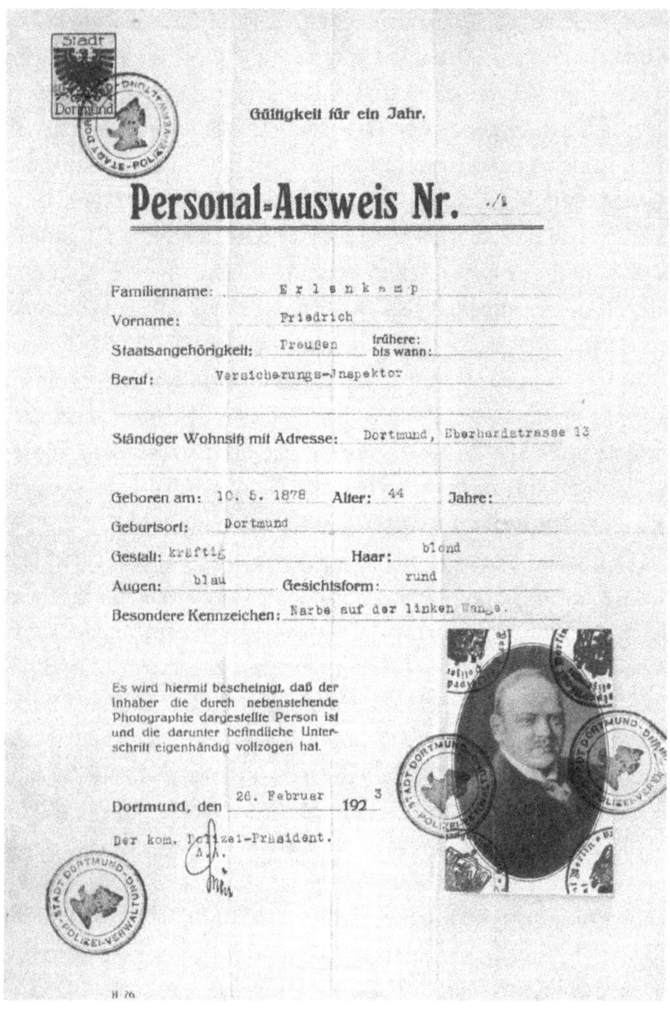

Gültigkeit für ein Jahr.

Personal-Ausweis Nr.

Familienname: Erlenkamp

Vorname: Friedrich

Staatsangehörigkeit: Preußen frühere: bis wann:

Beruf: Versicherungs-Inspektor

Ständiger Wohnsitz mit Adresse: Dortmund, Eberhardstrasse 13

Geboren am: 10. 5. 1878 Alter: 44 Jahre:

Geburtsort: Dortmund

Gestalt: kräftig Haar: blond

Augen: blau Gesichtsform: rund

Besondere Kennzeichen: Narbe auf der linken Wange.

Es wird hiermit bescheinigt, daß der Inhaber die durch nebenstehende Photographie dargestellte Person ist und die darunter befindliche Unterschrift eigenhändig vollzogen hat.

Dortmund, den 26. Februar 1923

Der kom. Polizei-Präsident.
I. A.

Gefälschter Personalausweis für den späteren Reichskanzler Gustav Stresemann auf den Namen »Friedrich Erlenkamp« und mit falschem Wohnsitz Dortmund, aber mit dem richtigen Geburtstag. Stresemann sieht sich angesichts der verschärften Lage zur eigenen Sicherheit vor Nachstellungen gezwungen, Dortmund, wo er sich aufgehalten hat und öffentlich aufgetreten ist, mit falschen Papieren zu verlassen.

die Verbannung aufgehoben. Auch der für den verjagten Oberbürgermeister die Geschäfte führende Beigeordnete Bernhard Adelung, immerhin zugleich Präsident des hessischen Landtags in Darmstadt, wurde am 7. Februar 1923 über die Grenze ins unbesetzte rechtsrheinische Gebiet des Volksstaates Hessen abgeschoben. Grund war wohl die Übersendung einer gegen die Ruhrbesetzung gerichteten Eingabe der Mainzer Stadtverordnetenversammlung.

Es kam zu massenhaften Ausweisungen, auch der Verwaltungsspitzen, die zudem gerichtlich belangt wurden. Der bereits einmal verbannte Duisburger Oberbürgermeister Karl Jarres (später Innenminister) wurde nach Rückkehr wegen der Verweigerung der Zusammenarbeit zu zwei Monaten Haft verurteilt; sein Herner Kollege Georg Sporleder wurde vertrieben, weil er eine Weisung zum Aufhängen von Plakaten ignoriert hatte.

Hinzu kam die nahezu vollständige Abtrennung des besetzten Gebietes vom übrigen Territorium. Selbst Vertretern des Reiches wurde die Einreise erschwert oder verboten. Sie kamen dennoch, viele inkognito und mit falschen Pässen ausgestattet. Die Franzosen, deren Truppenstärke schließlich auf 100 000 Mann aufgestockt wurde, untersagten am 1. Februar den Export von Kohle in den über eine Zollgrenze abgeschnürten unbesetzten Teil. Streikende Eisenbahner, von denen bis Jahresende 25 000 ausgewiesen wurden, ersetzten sie durch Personal aus Frankreich, Betriebe übernahmen sie in Eigenregie oder legten sie still.

Durch die Ausweisungen wurde nun auch der unbesetzte Teil direkt involviert, mit besonderer Last für kleinere Orte nahe der Demarkationsline, die in großer Zahl die Gestrandeten aufnahmen. Das hessen-nassauische Weilburg mit seinen etwa 3600 Einwohnern beherbergte schließlich rund 1300 Verbannte, bis diese zu Weihnachten 1924 zurückkehren konnten.[28] Die Gesamtzahl der Vertriebenen dürfte bei insgesamt 140 000 gelegen haben; gut ein Viertel davon waren Beamte, die oft gemeinsam mit Familienangehörigen die Heimat verlassen mussten.

Zivilisten und Militär lieferten sich rohe Auseinandersetzungen. Am Ende zählte die deutsche Propaganda an die 200 Tote. Seriöse Angaben gehen jedoch von 130 deutschen Todesopfern aus;[29] und selbst diese gewiss hohe Zahl fiel vergleichsweise ab gegenüber den in die Tausende gehenden Toten im Bürgerkrieg des Frühjahres 1919 oder während des Kapp-Lüttwitz-Putsches und dem folgenden Ruhrkrieg im März und April 1920. Im Alltag gab es Gewalt, auch sexueller Natur,[30] was in der Öffentlichkeit das Bild von einer Soldateska festigte. Die reale Bilanz von Übergriffen blieb angesichts der Größe von Raum und Dauer der Besatzung »relativ gering«, so ist neuerdings gegen die lange verfochtene dramatisierende Wertung, die auf den zeitgenössischen deutschen Überhöhungen beruhte, festgestellt worden.[31]

Dennoch bestimmten die Exzesse die Schlagzeilen: Beim Essener Blutsamstag vom 31. März 1923, einen Tag vor Ostern, tötete ein in die Krupp-Werke zur Requirierung von LKW einmarschierender, sich dabei von der protestierenden Belegschaft bedroht fühlender französischer Militärtrupp 13 Arbeiter. Ein Aufschrei der Empörung ging durch das Land. Die Trauerfeier im Reichstag und die Beerdigung der Opfer in Essen waren Ausdruck der noch bestehenden inneren Geschlossenheit. Nahezu einhellig gegeißelt wurde es auch, dass die Franzosen Firmenchef Gustav Krupp von Bohlen und Halbach und weitere Direktoren zu langjährigen Haftstrafen verurteilten, die allerdings nach einigen Monaten durch Begnadigung enden sollten. Das Urteil der »landfremden militärischen Richter« (Reichstagspräsident Paul Löbe, SPD) wirkte kontraproduktiv: Es brach nicht den Abwehrwillen der Bevölkerung, sondern erhärtete ihn noch: »Einer für alle, alle für einen!«, hieß es jetzt über Klassen- und Milieugrenzen hinweg.[32] Anfang Juni wurden in der sogenannten »Bartholomäusnacht von Dortmund« sechs Männer erschossen, nachdem zwei französische Soldaten ermordet aufgefunden worden waren. Es ginge aber fehl, hier nur von Konfrontation zu schreiben, denn es gab über den konfliktfreien Alltag hinweg sogar zahlreiche Momente der Annäherung und Aussöhnung, wie das gemeinsame »Dattelner Abendmahl« vom Karfreitag belegt, das ein französischer Offizier und ein deutscher Amtsträger – bis dahin erbitterte Gegner –, gemeinsam begingen.[33]

Die Beziehungen auf den unteren Ebenen waren längst nicht von der Feindseligkeit geprägt, wie sie in dem von der Propaganda (und mitunter auch in der jüngsten Literatur) gemalten Bild zum Ausdruck kam (und kommt). Natürlich belasteten Beschlagnahmung von Wohnraum und Einquartierung von Besatzungssoldaten das Verhältnis zueinander. Das barg Zündstoff. Frauen, die sich mit den Besatzungssoldaten einließen, wurden kahlgeschoren oder wie auch die Arbeiter in Diensten der Franzosen, die »abends den Judaslohn versaufen«, mit Namen und Fotos auf Plakaten an den Pranger gestellt. Mit der Schlacht auf den Straßen und in den Gerichten ging die Schlacht der Propaganda einher, wobei die deutsche Seite die Klaviatur der verbalen und bildlichen Brandmarkung mit »Plakaten als Waffe« bestens beherrschte, und dabei (nicht nur) die nationalistische Rechte oftmals in rassistische Plattitüden – von der »Schwarzen Schmach« und den »minderwertigen« Kolonialsoldaten in französischer Uniform – abdriftete oder schlicht Halb- und Unwahrheiten verbreitete. Geschehenes wurde aufgebauscht. Einiges war irreal und mitunter surreal.

Real waren Sabotageakte, geplant und durchgeführt unter anderem von Reichswehrangehörigen, von einigen Industriellen wie Krupp organisiert und von der Reichsregierung nicht konsequent unterbunden. Die zum Teil systematische Sabotage, bei der es vor allem um Verhinderung von Kohlentransporten in die Okkupationsländer ging, erreichte im März 1923 mit 86 Anschlägen auf das Schienennetz ihren Zenit.[34] Die Aktionen zogen weitere Repressionen der Besatzungsbehörden nach sich. Die Regierung von Baden beklagte nach Sprengungen von Bahngleisen nahe Offenburg eine generelle Verschärfung der Lage in den okkupierten Gebieten und befürchtete eine weitere Besetzung von Teilen ihres Landes. Nach der Verordnung der Interalliierten Rheinlandkommission, die nunmehr auch für die im Zuge der Ruhraktion erfassten Räume galt, wurden in einer Art »Kollektivhaftung« die örtlichen Bürgermeister und sonstigen Behörden für Vergehen oder Sabotageakte straf- und zivilrechtlich verantwortlich gemacht.[35]

Die Untergrundaktionen vor allem durch paramilitärische Wehrverbände bekamen von der Propaganda das Etikett »spontan« verliehen. Aber sie waren es mehrheitlich nicht. Das galt auch für das Kapern von acht beladenen Güterzügen aus dem besetzten Ruhrgebiet und deren Verfrachtung in unbesetztes Territorium. Dieses »Unternehmen Wesel« in der Osternacht 1923, als »Husarenstreich« verklärt, war von Kampfverbänden generalstabsmäßig geplant und ausgeführt worden. Es war eine exponierte Aktion aus dem nationalistischen Umfeld, um den passiven Widerstand in einen aktiven überzuleiten.[36] Höhepunkt des tätlichen Opponierens war der Sprengstoffanschlag am 30. Juni auf einen belgischen Militärzug bei Duisburg, bei dem neun Belgier und einige Zivilisten den Tod fanden und zahlreiche weitere verletzt wurden.

Albert Leo Schlageter als Verantwortlicher für mehrere Anschläge wurde wegen Spionage und Sabotage zum Tode verurteilt und am 26. Mai exekutiert. Der Freikorpskämpfer blieb der einzige, den die Franzosen hinrichten ließen, denn Todesurteile gegen andere Saboteure wurden nicht vollstreckt. Quer durch (fast) alle politischen Lager, von den Nationalsozialisten bis hin zu den Kommunisten, wurde Schlageter als Märtyrer gewürdigt. Bei den aktiven nationalistischen Ruhrkämpfern wuchs die Frustration über die insgesamt enttäuschende Wirkung ihrer Aktionen und über die fehlende Unterstützung, was wiederum den Hass auf die Republik forcierte. Der Anschlag auf die Druckerei der sozialdemokratischen Tageszeitung in Münster Ende Juni markierte in gewisser Hinsicht eine Abkehr vom aussichtslosen Kampf gegen die Okkupanten hin zu einem allumfassenden Bürgerkrieg. Der Reichskommissar für das Ruhrgebiet Ernst Mehlich (SPD) sah mit Blick auf die Münsteraner

Reichspräsident Friedrich Ebert am 18. März 1923 in Hamm. An der Grenze zum besetzten Ruhrgebiet versichert er den zu einer Konferenz versammelten Bergarbeitern die Solidarität des Reiches. Ebert (vorn 2. v. l.) nach seiner Rede in Begleitung von Ernst Mehlich (l.), dem Reichskommissar für das Ruhrgebiet, sowie dem Oberpräsidenten von Westfalen Johannes Gronowski (3. v. l.) und dem preußischen Handelsminister Wilhelm Siering (vorn r.).

Vorkommnisse die Gefahr am Horizont aufziehen, dass die Saboteure sich so zu einer Gefahr für die gesamte Republik entwickeln könnten.[37]

Das repressive französische Vorgehen ließ die Deutschen über die Parteigrenzen hinweg zunächst enger zusammenrücken. Der Ruhreinfall sorgte, so notierte der britische Botschafter D'Abernon in den ersten Wochen, nicht nur für einen »Zusammenschluss aller Parteien und Klassen in Deutschland«, sondern auch für eine »patriotische Welle«, die jeglichen »Klassenhass der Arbeitnehmer gegen die Arbeitgeber« hinweggeschwemmt habe.[38] Wenn auch der von der Presse unterstützte »Franzosenhass [...] zum guten Ton« gehörte, in Bildern und Artikeln das festgefügte Abwehrbollwerk stilisiert wurde, so bleibt zu fragen, ob es nicht auch jene gab, denen mit der Zeit »ihr Arbeitsplatz, ihr Brot und ihre Sicherheit« nicht doch wichtiger waren als ihr Nationalstolz.[39]

Die Einigkeit in Sachen passiver Widerstand war jedenfalls nicht von Dauer. Das Gefühl vom Aufweichen der Einheitsfront beschlich schon früh nicht nur den Reichspräsidenten. Anstatt der vor der Ruhrbesetzung geplanten, dann aber abgesagten Reise in den Westen ging es am 12. und 13. Februar in den ebenfalls von den Franzosen bereits partiell besetzten und von weiterer Okkupation bedrohten Südwesten mit den Stationen Karlsruhe, Mannheim und Darmstadt. Dabei konfrontierte die badische Landesregierung den Reichspräsidenten mit Kritik am passiven Widerstand, dessen Sinn und Nutzen in Frage gestellt wurde.

Der Grund: Baden hatte kurz zuvor den weiteren Einfall der Franzosen erlebt, die in Offenburg, Appenweier, Bühl und umliegende Orte einmarschiert waren. Sie sanktionierten damit die von ihnen missbilligte Einstellung einer Reihe internationaler Zugverbindungen, darunter der Fernzüge Paris-Berlin-Warschau/Riga, Paris-Bukarest und Paris-Prag, die die Reichsregierung aus Kostenersparnis verfügt hatte. Da aus den neu besetzten Gebieten keine Reparationsgüter zu gewinnen waren, handelte es sich um eine »reine Machtdemonstration« mit gravierenden Auswirkungen durch die Kappung der wichtigen Eisenbahnlinie Karlsruhe-Basel.[40] Während Ebert im Südwesten mit Kritik an der Ruhr-Politik umgehen musste, brachte der Reichskanzler von seiner eine Woche zuvor unternommenen Reise ins besetzte Gebiet die Erkenntnis mit, dass es »an der Front« gut stehe und er »von allen Kreisen die übereinstimmende Versicherung erhalten« habe, »dass man durchhalten werde.«[41]

Fest geschlossen blieb die Einheitsfront indes nicht. Sie bröckelte langsam aber stetig. Das zeigte sich bereits bei der »Ruhrhilfe«, eine

»Vom Feind besetzt – helft, seid einig!«
Das Plakat ruft zur Solidarität mit dem besetzten Ruhrgebiet auf.

von Unternehmer- und Arbeiterorganisationen begründeten Sammlung zur Unterstützung der Bevölkerung in den besetzten Gebieten. Hierzu hatten Arbeitgeber und Gewerkschaften am 24. Januar einen gemeinsamen Aufruf erlassen.[42] Maßgeblich angestoßen wurde die Ruhrhilfe durch die Reichsregierung, die es als wünschenswert betrachtete, wenn die Kosten für die Lohnersatzzahlungen an die passiven Widerständler zumindest teilweise von Arbeitergebern und Arbeiternehmern aufgebracht würden. Hierzu sollten die Arbeitnehmer einen Stundenlohn und die Arbeitgeber den vierfachen Betrag in die Kassen der »Ruhrhilfe« einzahlen. Die Sammlungsergebnisse blieben jedoch weit unter den erhofften Beträgen, sodass die Ruhrhilfe im Juni mit dem »Deutschen Volksopfer«, einer von der Reichsregierung gegen den Willen der Gewerkschaften gegründeten Sammlung, verschmolzen wurde.

Risse in der Einheitsfront wurden nur vorübergehend gekittet durch die zunehmende Gewalt im Okkupationsgebiet. Gustav Stresemann schien vor dem Reichstag am 17. April das auszusprechen, was lange Zeit viele dachten: »Hier gibt es keine Verhandlungen und kein Kompromiss, hier geht es um Leben und Sterben des deutschen Volkes und um unsere Zukunft.«[43] Doch konnte sich die Regierung auf Dauer nicht mehr der Notwendigkeit verschließen, den Versuch zu machen, auf dem Verhandlungswege das Ruhr-Problem zu lösen. Der spätere Innenminister Wilhelm Sollmann forderte im April: »Deutschland muss die Initiative zur Einleitung von Verhandlungen ergreifen und der Welt sagen, wie es sich die Lösung der Krisen vorstellt.«[44] Auch aus den Ländern kamen entsprechende Aufforderungen. Man könne nicht umhin, den ersten Schritt zu wagen. So berichtete der badische Staatspräsident Adam Remmele (SPD) am 20. April von sinkender Widerstandskraft im Südwesten, von badischen Landsleuten, die sich erfolgreich um Anstellung bei den Franzosen bemühten, und von einer regelrechten deutschen Arbeitskolonie im elsässischen Straßburg, die von der Siegermacht zum Verladen in die deutschen Rheinhäfen beordert wurde. Im Namen einer breiten Phalanx, die bis weit in die Industriekreise reichte, mahnte er Verhandlungen mit Paris an.[45]

Spätestens seit Mitte Mai war bei vielen Industriellen der Glaube an einen Erfolg des passiven Widerstands verflogen. Denn es zeichnete sich immer mehr ab, dass Frankreich den längeren Atem besaß, die Besetzung durchzustehen, während die deutsche Seite unter dem Druck der Kosten für den staatlich verordneten und vom Reich finanzierten Generalstreik an der Ruhr immer stärker in den Inflationsstrudel geriet, dem die Reichsregierung kein schlüssiges Gesamtkonzept entgegenstellte. Sie suchte einzelne Auswüchse zu dämpfen (was weitgehend erfolglos blieb), verweigerte sich aber gänzlich einer radikalen Bekämpfung der Ursachen. Vieles blieb Flickschusterei. So fungierte Cuno statt als »Krisenmanager [...] lediglich als Krisenverwalter«.[46] Dass die Regierung unter dem Druck der Bajonette nicht verhandeln wollte, war zwar ein hehres Motiv, aber keines, das den politischen Notwendigkeiten gerecht wurde. So rang sie sich schließlich zu einer neuen Reparationsnote durch, die allerdings kaum ein erhöhtes Maß an Entgegenkommen signalisierte.[47] Das deutsche Angebot vom 2. Mai hätte der Leim für die aufbrechende innerpolitische Einheitsfront sein können, wenn es offener formuliert worden wäre. Aber die Note, die nicht nur bei den schon früh ein Ende des passiven Widerstands einklagenden sozialdemokratischen Freien Gewerkschaften für eine Stimmung »zwischen Fassungslosigkeit und Resignation« sorgte,[48] war nicht die erwartete bahnbrechende Aktion. Sie fiel auch nicht bei den Alliierten, vor allem nicht in Frankreich, auf fruchtbaren Boden, da zur Vorbedingung für Gespräche der Rückzug aus dem Ruhrgebiet (Wiederherstellung des Status quo ante »innerhalb kürzester Frist«) gemacht wurde. Die Regierung musste nachlegen. Am 7. Juni konkretisierte sie in einem weiteren Memorandum die angebotenen Garantien zur Aufbringung und Absicherung der Reparationszahlungen.[49] Damit schien auch Cuno – wie er gegenüber den Länderregierungen bekundete – »von dem Bestreben geleitet, so rasch als möglich zu Verhandlungen zu kommen und damit die immer schwerer werdenden Leiden der Bevölkerung des besetzten Gebiets« zu überwinden.[50] Das kam zu spät und war zu dürftig. London und bedingt auch Brüssel zeigten sich mit der neuen Offerte zwar einigermaßen zufrieden, nicht aber Paris, das den Abbruch des passiven Widerstands weiter zur Vorbedingung machte, um sich mit den Deutschen an einen Tisch zu setzen. Die Hängepartie setzte sich fort, auch weil die Cuno-Regierung nicht bereit war, sich den französischen Vorbedingungen zu beugen und den höchst kostspieligen passiven Widerstand mit seinen verheerenden Auswirkungen kurzerhand abzubrechen: Deutschland steuerte auf das Fiasko zu.

Keine Verhandlungen, sondern verhärtete Fronten. Weiterhin beherrschen Machtdemonstrationen das Bild: ein französisches Panzerauto vor dem Bahnhof in Essen.

Galoppierende Inflation und soziale Krisenlage

Die zusätzlichen finanziellen Belastungen im Zuge der Ruhrbesetzung, in erster Linie die Kosten des passiven Widerstandes, aber auch der Ausfall von Steuereinnahmen, schraubten eine latente Inflation in astronomische Höhen. Der Weg führte in Schüben mit zwischenzeitlicher Stagnation von der akzeptierten Geldentwertung in der ersten Nachkriegsphase zur unkontrollierbaren Hyperinflation des Jahres 1923, als sich im Schnitt die Preise alle vier Tage verdoppelten. Für die Bürger der jungen Republik war Inflation fester Bestandteil des Alltags. Aber: Sie war eine Erfahrung, wozu es keine bisherige Erfahrung gab. Das bedingte auch eine Ratlosigkeit, wie die zum Ende hin galoppierende Geldentwertung einzudämmen sei. Denken und Handeln in engen Zeitfenstern war Gebot der Stunde; die langfristige Perspektive geriet zwangsläufig aus dem Blickfeld.

Die Wurzeln der Inflation lagen im Ersten Weltkrieg, der mit seinen Folgelasten zu einer zunehmenden Entwertung der Mark geführt hatte. Das kriegslüsterne Kaiserreich hatte den Waffengang, dessen Kosten sich auf ca. 160 Milliarden Goldmark beliefen, nicht über Steuern, sondern ganz wesentlich über Kredite bzw. Staatsanleihen finanziert.[51] Die Schulden des Staates und die Umlaufmenge des Geldes vervielfachten sich. Der Goldstandard musste aufgegeben werden: Bis dahin galt das »Prinzip der Dritteldeckung, wonach für jede Goldmark im Tresor der Reichsbank nur drei Papiermark ausgegeben werden durften«.[52] Die Relation von 1:3 kippte: Ende 1919 lag sie bei 1:36, Ende 1921 bei 1:113.[53] Beträchtliche Kriegsanleihen zu einem Zinssatz von in der Regel fünf Prozent waren aufgelegt worden, die letzte im Oktober 1918, als die Niederlage schon besiegelt war. Sie waren in der Erwartung auf einen Sieg von Unternehmen und Privatleuten gezeichnet worden, insgesamt im Wert von fast 100 Milliarden Mark, damit also 60 Prozent der Kriegskosten abdeckend. Die Hoffnung auf Rendite nach einem Sieg, bei dem man sich an den Unterlegenen schadlos halten konnte, zerplatzte letztendlich. Der Krieg ging verloren; und Deutschland und die Deutschen blieben auf ihren Schulden sitzen. An eine Rückzahlung der Anleihen dachte der Staat nicht, sodass auch diese Schuldverschreibungen im Zuge der Inflation an Wert einbüßten. Am 15. November 1923 besaßen die gesamten inneren Kriegsschulden in Höhe von 154 Milliarden Mark nur noch den Wert von 15,4 Pfennig des letzten Vorkriegsjahres – Fazit: »Fiskalisch gesehen ist der Erste Weltkrieg der billigste Krieg, der je geführt wurde.«[54] Die Inflation half also bei der Liquidierung der Kriegskosten.

Die Geldentwertung half der jungen Republik auch dabei, die Suppe auszulöffeln, die ihr das Kaiserreich eingebrockt hatte: Schwer verdaulich waren die Reparationslasten. Etwa ein Zehntel des Volkseinkommens, bis zu zwei Drittel der Reichsausgaben, ging in den ersten Jahren an die Sieger. Die Inflation wirkte sich auf die sozialen und arbeitsmarktpolitischen Aufgaben des Staates durchaus positiv aus. Denn die öffentliche Hand musste neben Löhnen und Gehältern auch die Unterstützung für etwa 800 000 Kriegsversehrte, 533 000 hinterbliebene Frauen und 1,2 Millionen Kriegswaisen aufbringen. Zudem wurden im Herbst 1919 die (Kriegs-)Lazarette mit etwa 75 000 Insassen und einem Personalbestand von 27 000 von den Militärs übernommen. Hier und da wurde subventioniert. Das alles konnte zunächst finanziert werden. Denn Geld war billig zu haben, für den Staat und auch die Wirtschaft. Mit einem geringen Diskontsatz, bis Juni 1922 bei fünf, zum Ende des Jahres bei acht Prozent und dann weit unter der Inflationsrate bleibend, trug die Reichsbank unter ihrem Präsidenten Rudolf Havenstein zur schrankenlosen Verschuldung des Reiches bei. Erst mit dem Verfall der Währung kam es zur gewaltigen Steigerung des Zinssatzes, der 1923 dann erst nach Monaten (im Juli zwei bis drei Prozent) und schließlich nach Tagen (im Oktober bis zu 20 Prozent) berechnet wurde.[55] Belastend wirkte sich zudem eine aus einem erhöhten Importbedarf resultierende negative Außenhandelsbilanz aus.

Trotz des steigenden Defizits in den öffentlichen Haushalten wurde eine moderate Inflation durchaus begrüßt, zumindest stillschweigend hingenommen, konnte doch unter ihrer Ausnutzung die Umstellung der Kriegsproduktion auf Friedenswirtschaft bewerkstelligt werden. Die lockere Geldpolitik half bei der Demobilisierung, der Reintegration der Männer im Waffenrock, in erstaunlich kurzer Zeit. Betrug die Zahl der (offiziell) Arbeitslosen auf dem Höhepunkt der Demobilisierung im Frühjahr 1919 etwa 1,5 Millionen, so verzeichnete man im Juni 1920 nur noch 270 000 Bezieher von Erwerbslosenunterstützung. Die eigentlich zu erwartende Arbeitslosigkeit wurde zunächst auch durch die »produktive Erwerbslosenfürsorge«[56] abgefedert, die über geförderte Projekte jene in Arbeit und Brot brachte, die sonst der Wohlfahrtsunterstützung zur Last gefallen wären. Alles in allem sollte die Repatriierung und Reintegration in den Arbeitsmarkt weitestgehend glücken.

In die »Inflationsallianz«[57] reihten sich die Unternehmen ein, denn das »billige« Geld ermöglichte es, zu investieren. Zudem sicherte die schwächelnde Mark den Absatz im Ausland. Der Produktionszuwachs schlug sich auf dem Arbeitsmarkt nieder, wenngleich die Zahl der tatsächlichen Arbeitslosen über den veröffentlichten Arbeitslosenquoten lag. So bleiben die genannten Quoten Werte mit sehr begrenzter Aussagekraft:[58] Im Oktober 1921 lag sie mit 1,2 Prozent auf dem Tiefstand, bis 1922 bei zwei Prozent. Zum Ende des Jahres stieg dann die Arbeitslosigkeit und erreichte während der Zeit der Ruhrbesetzung 20 Prozent. Sie stabilisierte sich 1924/25 bei etwa vier Prozent. So gelten die Jahre 1920 bis 1922 als eine »Phase stabiler Fragilität«.[59] Mit der Stabilität war es dann bald dahin.

Weil eine durchgreifende Änderung der Steuergesetzgebung lange versäumt wurde, vergrößerte sich das Defizit des Reiches rapide. Da nutzten alle Kassandrarufe von Finanzminister Andreas Hermes nichts, der zu äußerster Sparsamkeit und zur Begrenzung des Devisenbedarfs aufrief. Vergeblich. Von einer geregelten Haushaltsführung konnte keine Rede mehr sein. Das Verhältnis zwischen Einnahmen und Ausgaben entglitt jeglicher Kontrolle: Ende 1922 lag das Defizit bereits bei 469 Milliarden Mark. Im April 1923 wurde nur ein Siebtel der Reichsausgaben aus den Einnahmen, im Juli 1923 nicht mal ein Zwanzigstel gedeckt. Entsprechend explodierten die Schulden.

Nach der Ermordung von Außenminister Walther Rathenau durch Rechtsterroristen im Juni 1922 ging die Inflationskurve erst langsam, dann extrem steil nach oben. Das zweite tödliche Attentat auf einen prominenten Reichspolitiker nach dem Mord am vormaligen Finanzminister Matthias Erzberger im August des Vorjahres erschütterte das von den Kapitalmärkten des Auslandes der jungen Republik entgegengebrachte Vertrauen schwer. Der die Republik tief aufwühlende Anschlag markierte den Beginn der Hyperinflation. Gradmesser für den Währungsverfall war der Dollarkurs: Lag er im September 1922 bereits bei 1400 bzw. 2400 Mark, so schwankte er im November/Dezember 1922 zwischen 6500 und 8500 Mark. Andersherum ausgedrückt: Der Wert des Dollars, der in Papiermark zu Beginn des Jahres 1922 das 45-fache der Vorkriegszeit betragen hatte, stieg bis Ende 1922 auf das 1 800-fache und erreichte im Mai 1923 das 11 000-fache. Das Tempo schnürte einem den Atem ab: Im August 1923 hatte die Mark nur noch »ein Millionstes ihres Vorkriegswerts«.[60]

Am Anfang der Regierung Cuno belief sich der Notenumlauf auf rund 650 Milliarden Mark, die schwebende Schuld des Reichs lag bei rund 760 Milliarden Mark, wechselte der Dollar an der Berliner Börse für 6200 Mark seinen Besitzer.[61] Die Haushalte von Reich, Ländern und Kommunen gerieten in massive Schieflage. Man ging vor Ort immer mehr dazu über, die Ausgaben für bereits begonnene Projekte über Anleihen zu finanzieren, da sich die Aufnahme von Darlehen immer schwieriger gestaltete. Um die Zahlungsunfähigkeit abzuwenden, verpfändeten mancherorts die Stadtoberen wie die von Kassel im März 1923 das Ratssilber bei Banken zu einem horrenden Zinssatz.

Notgeldscheine aus dem württembergischen Aalen.

Die Diskrepanz zwischen Ein- und Ausnahmen der öffentlichen Haushalte wurde durch das unablässige Rattern der Notenpressen übertüncht. Immer mehr Geld befand sich im Umlauf. In den Spitzenzeiten produzierten 30 Fabriken das notwendige Papier für die Banknoten, die von mehr als 130 Firmen mit fast 1800 Maschinen bedruckt wurden. Die Reichsdruckerei, bei der zwischenzeitlich 12 000 Personen beschäftigt waren, kam mit der Ausgabe neuer Banknoten einfach nicht mehr nach. Bereits die Kriegswirtschaft hatte für einen erhöhten Zahlungsmittelumlauf und faktisch zu einer Abkehr von der Golddeckung geführt; der Bargeldumlauf pro Kopf war bei Kriegsende auf das Vier- bis Sechsfache des letzten Friedensjahres gestiegen. Städte und Körperschaften sowie Unternehmen konnten Notgeld herausgeben. Schon 1917/18 legten allein im eher kleinen Großherzogtum Hessen rund 25 Städte Ersatzgeldscheine auf. Im Januar 1923 kursierte innerhalb des Reiches Papiergeld im Nominalwert von zwei Billionen Mark (zum Vergleich Ende 1918: 22 Milliarden Mark). Am Ende der Hyperinflation befanden sich fast 500 Trillionen Mark in regulären Banknoten im Verkehr, wozu noch weitere 725 Trillionen Mark an Scheinen von öffentlichen Körperschaften und Unternehmen kamen. Mitte November 1923 war jeder Deutsche ein »Multibillionär«: Nach offizieller Statistik besaß ein jeder im Schnitt 20 Billionen Mark. Den Höchstwert schmückte ein nach dem eigentlichen Ende der Inflation Mitte Februar 1924 aufgelegter Geldschein mit einem Nennwert von 100 Billionen Mark. Die Reichsbank verzichtete auf den Abdruck der numerischen Zahl: Es wäre eine Eins mit vierzehn Nullen gewesen.

Mit dem Nominalwert der Geldscheine stieg auch der Dollarkurs. Ende Januar lag er schon bei 49 000, drei Tage zuvor noch bei 27 000.[62] Es kam dann im April zu einem dramatischen Schub, als die von der Reichsbank über Stützungsaktionen ab Mitte Februar vor allem durch Goldverkäufe an die Bank of England und die Schweizer Nationalbank errichtete Staumauer, die den Kurs des Dollars für einige Wochen einigermaßen stabil gehalten hatte, durch eine forcierte Dollarnachfrage überspült wurde. Ein Grundübel der Zeit war die Gier nach Devisen, die den Verfall der Mark beschleunigte. Die Reichsbank hatte bald nach der Ruhrbesetzung Devisenkredite an Unternehmen gekappt, die auf ihre eigenen im Ausland angelegten Reserven zurückgreifen sollten. Der Versuch, über eine Schatzanleihe größere Devisenposten aus der Wirtschaft herauszuziehen und damit die Stützungsaktion der Reichsbank zu »stützen«, scheiterte trotz aller patriotischen Appelle und erbrachte nur ein Zeichnungsergebnis von rund 25 Prozent. Im April nahm der Devisenbedarf derartige Ausmaße an, dass die Reichsbank ihre Aktion nicht länger fortsetzen konnte. Sie hatte einen Großteil ihrer Goldreserven verbraucht. Als Folge brach der Kurs der Mark am 18. April ein. Dieses Desaster war nicht unwesentlich beeinflusst worden durch plötzliche Devisenforderungen der Firma Stinnes, die im Auftrag der Reichsbahn Kohlen in England kaufte.[63] Der zwischenzeitlich immens gestützte Dollarkurs der Mark, den die Reichsbank lange auf einem Niveau von 21 000 bis 22 000 Mark hatte halten können, stieg dann von 21 200 am 17. April über 25 000 tags darauf auf 29 500 am 19. April. Ende Mai lag er dann bei rund 55 000 Mark.

Der Damm war gesprengt und eine Teuerungswelle ergoss sich über das Reich. Die Mark stürzte ins Uferlose, sodass der Kurs des Dollars im August den Wert von vier Millionen Mark erreichte. Mitte Oktober rangierte er bei einer Milliarde und Mitte November bei 4,2 Billionen Mark. Der Wert einer Goldmark, der im Januar 1920 bei 15 (Papier-)Mark lag, stieg Anfang 1923 auf 4280 Mark und katapultierte sich im August auf eine Million, im Oktober auf sechs Milliarden und im November auf eine Billion Mark.[64]

Das alles hatte unterschiedliche Auswirkungen auf die Gesellschaftsschichten. Grob galt: Verschont blieben die Besitzer von Sachgütern (»Realwerten«); die Sparer und Geldvermögenbesitzer hingegen wurden regelrecht enteignet. Der Sparstrumpf bekam riesige Löcher. Das traf in besonderem Maße jene in der Mittelschicht, die ihren Lebensunterhalt (fast) ausschließlich durch Zinsen ihrer

Geld- und Kapitalanlagen bestritten und die es sich hatten leisten können, Kriegsanleihen zu zeichnen. Der wohlhabende Rentier wurde zu einem der städtischen Wohlfahrt anheimfallenden Kleinrentner. Als Konsequenz bezogen einstmals gut situierte Pensionäre der Kurorte in ihren Villen nun die Dienstbotenwohnungen, um durch Vermietung der Beletage vor allem an die nach wie vor zahlungskräftigen Besitzer von Fremdwährungen Einnahmen zu erzielen. Der Ausländer, ob als Urlauber oder Resident, konnte mit seiner Heimatwährung im darbenden Reich fürstlich leben. In den besetzten Gebieten wurde unter der Hand die Währung der Besatzer zum Zahlungsmittel. So sickerte der im abgetrennten Saarland gültige Franc allmählich auch in die anderen französisch besetzten Gebiete ein, was bei jenen, die keinen Zugriff darauf hatten, für gesteigerten Unmut sorgte. In Hamburg sollten schließlich um die 70 verschiedene Währungen kursieren. Nichts war in diesen Tagen so wertvoll, wie der reiche (und spendable) Onkel in den USA. Die Anzahl der wirklich Reichen im Reich ging dagegen drastisch zurück: Von 599 Frankfurter Millionären 1914 blieb 1927 noch ein Siebtel übrig.[65]

Besonders hart traf es in der Hochinflation ab dem späten Frühjahr 1923 die Arbeiterschaft, für die der Lohn die Grundlage der Existenzsicherung darstellte. Aber dieser konnte nicht schritthalten mit den angesichts des Wertverfalls vorauseilend erhöhten Preisen. Das ausgezahlte Salär war am nächsten Morgen pulverisiert. Kein Trost war es da, über keine Rücklagen zu verfügen, die sich ebenfalls über Nacht in Luft aufgelöst hätten.

Doch es gab auch Gewinner. Es wurden »die größten Reichen noch reicher«, wie im April 1924 der erste Regierungschef der Republik, Philipp Scheidemann, mittlerweile Oberbürgermeister von Kassel, eine von der Allgemeinheit geteilte Erkenntnis auf einen Nenner brachte.[66] Neben den Exporteuren, denen der Kursverlust der Mark den Absatz von Waren im Ausland erleichterte, waren jene die großen Nutznießer, die über kurzfristige Kredite Sachwerte anhäuften oder (anscheinend wahllos) Unternehmen aufkauften, um dann später die Schulden mit dem drastisch entwerteten Geld in gleicher Nominalhöhe abzutragen. Denn es galt (viel zu) lang das Prinzip »Mark gleich Mark«. Die Investitionsbereitschaft der Industrie stieg parallel zur Geldentwertung. Zahlreiche Unternehmer, so gestand einer der Industriekapitäne reumütig, mutierten vom »Fabrikanten« zum »Spekulanten«.[67] Die Personifikation des Profiteurs war der Großindustrielle Hugo Stinnes, der sein Imperium über Kredite immens vergrößerte: Es wurden am Ende 1664 rechtlich selbstständige Unternehmen mit 4554 Betrieben gezählt.[68] Lange konnte sich der König der Inflation an seinem Imperium aber nicht erfreuen: Er verstarb 54-jährig im April 1924.

Wie viele Industrielle, entledigte sich so mancher (Groß-)Bauer freudig seiner Grundschuld, der jedoch zugleich ebenso wie der kleine Landwirt unter Ablieferungspflichten und festgesetzten Preisen seiner Güter litt. Die Inflation steigerte die Konflikte zwischen Stadt und Land und unter den einzelnen Bevölkerungsgruppen. Neid und Missgunst grassierten. Die Verelendung der von Geldzuweisungen durch Lohn und Unterstützung abhängigen Arbeiter, Kriegsversehrten und Kleinrentner nahm in der Zeit der Hyperinflation zu. Letztere waren nach offiziöser Definition »Personen, die ein ihre wirtschaftliche Existenz sicherndes Vermögen besessen, es aber durch die Geldentwertung ganz oder so weit verloren hatten, dass sie ohne die Inanspruchnahme öffentlicher Mittel nicht mehr ihren Unterhalt fristen konnten«. Ihre Unterstützung wurde durch das »Gesetz über die Kleinrentnerfürsorge« vom 4. Februar 1923 den Kommunen übertragen, die einen Großteil der Kosten durch das Reich erstattet bekamen.[69] Arbeiter und Angestellte hatten bereits während des Weltkriegs sinkende Einbußen hinnehmen müssen. So waren etwa die Realwochenlöhne der Eisenbahnfacharbeiter im Vergleich zu 1913 (100) auf 51 Prozent im Jahr 1923 gefallen, die Realmonatsgehälter Höherer Beamter im gleichen Zeitraum auf 38 Prozent.[70] Für erstere war der Rückgang eine zweifelsohne schmerzhaftere Reduzierung, weil diese sie ungleich schwerer traf und in existentielle Nöte brachte. Die Inflation entpuppte sich am Ende als »stille Vermögensrevolution«[71] und Nivellierungsagentur: Die Einkommen der Besserverdienenden unter den Beamten, Angestellten und Arbeitern und die der schlechter Bezahlten näherten sich an. Es wirkte sich jedoch als ungerecht aus, dass Arbeiter und Angestellte ihre Lohnsteuer umgehend entrichteten – sie wurde direkt vom Lohn abgezogen –, die Einkommensteuerzahler, darunter Unternehmer und auch Landwirte, erst nach späterer Veranlagung die Steuern abführen mussten, als der Wert des Geldes abgesackt war. Und weil der Wert dieser Einnahmen bis zu ihrer Ausgabe durch die öffentliche Hand noch weiter sank, wuchsen die Defizite in den Haushalten. Das wurde durch die Notenpresse kompensiert.

Die Schere zwischen Löhnen und Preisen vergrößerte sich im Zuge der Ruhrbesetzung. Das lange austarierte Verhältnis zwischen Warenangebot und Geldmenge zerbarst. Bereits in der ersten Januarhälfte 1923 sorgten Erhöhungen der Bahn- und Posttarife sowie der Brot- und Kohlenpreise für einen signifikanten Anstieg der Lebenshaltungskosten.[72] Auch wenn die Löhne der Arbeiter schneller als die Gehälter der Beamten und Angestellten, die rückwirkend Teuerungszulagen bekamen (die dann beileibe nicht ausreichten), der Geldentwertung angepasst wurden, manche Berufsgruppe lange ihr Lohnniveau halten konnte und einige Zeit relativ gut in der Inflation zurecht gekommen war, litten sie besonders in der Hyperinflation unter der Teuerungswelle. Wie rasant die Preise stiegen, veranschaulicht der nominelle Wert des Brotes, der im Dezember 1919 bei 0,80 Mark gelegen hatte. 1923 ging es steil nach oben: Januar 250 / Juli 3465 / August 69 000 / September 1 512 000 / Oktober 174 000 000/November 201 000 000 000. Die Mainzer Produktenbörse ermittelte beim Preis für den Doppelzentner Weizen zwischen Ende April 1922 und Ende Februar 1923 eine Steigerung von 1375 auf 115 000 Mark, also um das 84-Fache (in Prozent: 8400).[73] Importe verteuerten sich um ein Vielfaches. Da die verfügbaren Devisen kaum noch zur Finanzierung der unerlässlichen Lebensmittel- und

Kohleneinfuhren reichten, sah sich die Regierung am 7. August gezwungen, die Reparationssachleistungen auch an die nicht an der Ruhrbesetzung beteiligten Mächte einzustellen.[74]

Die Bevölkerung hatte zwar eine Menge Geldscheine mit hohen Nominalwerten, aber davon konnte man sich nichts kaufen. Und mehr noch, es gab nichts zu kaufen: »Was soll denn die Frau eines Arbeiters, Beamten oder Angestellten heute mit den Scheinen machen, die sie auf den Markt mitbekommt [...], mit den Scheinen mit den hohen Nullen, die der Volksmund längst die Havenstein-Rubel getauft hat!«[75] Angesichts des rasanten Währungsverfalls ging man immer mehr dazu über, Lohn täglich auszuzahlen. Doch die Kaufkraft des nach Hause gebrachten Geldes schwand sekundenschnell. Aus dem gleichen Grund wollte der Händler nichts mehr verkaufen, denn die Einnahmen hätten am anderen Tag nur einen Bruchteil ihres vorabendlichen Wertes besessen. Der Lebensmitteleinzelhandel hielt immer mehr ihre Produkte zurück und verweigerte schließlich die Annahme von Geld wegen zu geringer Kaufkraft. Repudiation hieß das. Deutschland drohte, so ist Finanzminister Luther zitiert worden, »bei vollen Scheuern zu verhungern«.[76]

Tauschhandel und Schwarzmarkt blühten, die Hamsterer vor allem aus den Städten, wo die Verarmung und Verelendung am größten waren, boten auf dem Lande Hausrat gegen Lebensmittel feil – wertlose Mark wollte der Bauer nicht mehr haben. Die Not wurde von vielen auch ausgenutzt. Wucher war die Folge. Der Begriff wurde zu einer moralisch aufgeladenen, mitunter antisemitisch konnotierten Chiffre, mit der die unbegreifbaren Preissprünge halbwegs erklärbar gemacht wurden.[77] In den Kommunen arbeiteten die Wuchergerichte recht fleißig und sprachen Strafen aus, womit sie aber auch dem örtlichen Markt einen Schlag versetzten, denn die Bauern kamen dann einfach nicht mehr. Die gewerkschaftlichen Spitzenorganisationen verlangten mehrfach von der Regierung Maßnahmen zur Wucherbekämpfung. Doch die staatlichen Anordnungen, mit polizeilichen Mitteln den Preisauftrieb zu bekämpfen,

Geld nicht in der Geldbörse, sondern in Reisekörben: Papiergeldtransport der Reichsbank 1923.

erzielten nicht die erhoffte Wirkung, auch weil Konsumenten und Gewerkschaften wenig Lust verspürten, aktiv teilzunehmen. So wurden in Preußen lediglich 2548 Handelsuntersagungen gegen unlautere Händler ausgesprochen.[78] Auf die tatsächliche Preisgestaltung hatten die staatlichen Kontrollbehörden kaum Einfluss. Das regelte der »freie Markt«, der ganz und gar nicht mehr so frei war, denn eine mitunter von den Anbietern bewusst herbeigeführte Verknappung sorgte für zusätzliche Teuerung, den Mechanismen des Marktes folgend: knappes Angebot, höherer Preis.

Man lebte sprichwörtlich von der Hand in den Mund. Die Kosten einer vierköpfigen Berliner Familie für die wöchentliche Ernährung beliefen sich im Januar auf 11 242 Mark. Sie explodierten bis zum August auf 4 794 939 Mark. Zu diesem Zeitpunkt kostete ein Pfund Butter 74 000, ein Pfund Fleisch 1,6 Millionen und ein Glas Bier 300 000 Mark.[79] Es gab enorme Preissprünge von einem auf den anderen Tag, nicht selten eine Verdopplung. Für den im Herbst 1919 70 Pfennige kostenden Schoppen Äppelwoi in Frankfurt musste der Durstige im Januar 1923 50 Mark, im August 35 000 Mark und im Herbst 1923 200 Milliarden Mark hinblättern.[80] Ein Krupparbeiter notierte 1923 den Preis für ein Pfund Schmalz (in Mark): 17. Januar 2 000, 31. Juli 170 000, 13. August 1 200 000, 19. September 45 000 000 und 25. Oktober 15 Milliarden.[81]

Besonders an der Ruhr, wo die Nahrungsmittelversorgung durch das Chaos im Eisenbahnwesen zusätzlich gestört war, steigerte sich der Unmut, kam es zu Unruhen und Streiks. Ihren Höhepunkt verzeichnete dort die Protestbewegung Ende Mai, als rund 620 000 Arbeiter von Bergbau und Schwerindustrie in einen wilden Streik traten, in dessen Verlauf bei Unruhen 20 Tote zu beklagen waren.[82]

Im Juli kulminierte die Krise flächendeckend. Die sozialdemokratische *Rheinische Zeitung* in Köln malte am 28. des Monats ein düsteres Bild der Situation: »Die furchtbare außen- und innenpolitische Lage Deutschlands, die Vernichtung der Reichsmark, der Hexensabbat an Börsen und Märkten, die Verzweiflung von Millionen hungernden Volksgenossen, die rauschenden Feste und Tänze auf dem grollenden Vulkan, das Gieren und Raffen nach Devisen, der völlige Bankrott des bürgerlichen Reichskabinett, die fühlbar nahende Gefahr eines allgemeinen Chaos, all das grinst aus allen Meldungen, die uns vorliegen.«[83] Skurrile Szenen spielten sich ab: Säcke- und waschkorbweise wurde Geld transportiert, das sofort wieder unter die Leute gebracht werden musste, egal ob für Sinnvolles oder Unsinniges, denn schon am Abend waren die Scheine nichts mehr wert.

Über kaum eine Zeit der ersten Republik liegen so viele plastische Presse- und Erlebnisberichte vor, dazu absurd erscheinende Erzählungen und bizarr anmutende Romanverarbeitungen, die Einblicke in die existentielle Not geben und vielfach zitiert wurden. Stellvertretend stehen hier lediglich zwei nüchtern klingende Einträge aus dem Tagebuch der Grafikerin und Bildhauerin Käthe Kollwitz; Mitte Oktober 1923 notiert sie: »Das Leben ist auch für uns wieder ein Kampf um die Erhaltung der Existenz geworden.« Und zehn Tage später heißt es: »Hunger und Ratlosigkeit überall. Mir ist fürchterlich schwer und bedrückt zumut.«[84]

Die einstmals austarierte Waage zwischen Löhnen und Gehältern, Renten und Erwerbslosenunterstützung auf der einen und den Preisen auf der anderen Seite, neigte sich rapide und dauerhaft zu den Preisen, auch wenn die Mieten durch staatliche Mitwirkung bei der Preisgestaltung seit den Kriegstagen eingefroren waren und Erhöhungen erschwert wurden.[85] Im letzten Friedensjahr musste eine vierköpfige Familie ein Fünftel ihrer Ausgaben für das Wohnen aufwenden; zu Beginn des Jahres 1923 war es weniger als ein Prozent. Das brachte freilich den schuldenfreien Vermieter, der seinen Lebensunterhalt ganz oder überwiegend aus Mieteinnahmen bestritt, in die Bredouille.

So hatte die Inflation viele Gesichter. Das Nachhaltigste war die zunehmende Verelendung der Massen. Fast ein Drittel der insgesamt 21 000 Haushalte in Darmstadt wurde auf dem Höhepunkt der Krise von der örtlichen Wohlfahrt unterstützt. In München, das einem »großen Armenhaus« glich, zählte man 140 000 unterstützte Personen bei rund 675 000 Einwohnern.[86] Das dem Abbruch des passiven Widerstandes zeitversetzt folgende Ende der Lohnsicherung potenzierte die Not in den besetzten Gebieten, wo die neue Rentenmark aus Sorge um deren Stabilität zunächst nicht eingeführt wurde. So folgten im letzten Quartal Massenentlassungen, allein von 60 000 Bergleuten. Ende 1923 waren in Essen mit seinen 470 000 Einwohnern mehr als 60 000 erwerbslos, und drei Viertel der Bevölkerung wurde aus öffentlichen Mitteln unter die Arme gegriffen.[87] Diese allgemeine Unterstützung reichte bei Weitem nicht aus; Nothilfeprojekte und Volksküchen linderten das Leid. Trotzdem herrschte Hunger und Unterernährung vor allem bei den Kindern. Angesichts der unzureichenden, eine Hungerkatastrophe heraufbeschwörenden Versorgungslage an der Ruhr erfolgte die Verschickung mehrerer hunderttausend Kinder ins unbesetzte Gebiet. Zwischenzeitlich eingestellte Hilfsprogramme von karitativen Organisationen des Auslandes (etwa der Quäker mit ihren Speisungen) liefen nun allgemein wieder an. Auf der anderen Seite herrschte eine »Not der geistigen Arbeiter«, wie es der Heidelberger Soziologe Alfred Weber auf dem Höhepunkt der Inflation formulierte.

Der öffentliche Raum änderte sich. Eine »Sittengeschichte der Inflation« ist bereits 1931 geschrieben worden:[88] Es gab Schieber und Raffkes, Profiteure und Wucherer, Schleichhandel und Tauschbörsen, Lust und Laster, Genusssucht und Alkoholexzesse, Luxus und Schlemmerei. Die Verzweiflung führte zur Flucht aus dem Alltag – und auch zur dauerhaften »Flucht«, der Auswanderung, vor allem nach Übersee. Und weil das Geld morgen nichts mehr wert war, stürzte sich, wer konnte, heute ins Vergnügen, konsumierte gängige und neue Drogen, riss gesellschaftliche Barrieren nieder, ignorierte Normen und Konventionen, wandte sich Sekten und Okkultem zu. Es wurde schranken- und klassenlos auf dem Vulkan getanzt. Mahnungen staatlicherseits griffen da nicht. Unmittelbar nach dem Ruhreinmarsch hatte die Reichsregierung Genusssucht, Schlemmerei und Alkoholmissbrauch angeprangert und die Landesregierungen angehalten, dagegen vorzugehen, dabei besonders die Erlaubnis für »öffentliche Tanzlustbarkeiten« zu untersagen.[89] Das war ein wohl doch nur kurzzeitig (wenn überhaupt) wirkender Appell.

Die Entwertung des Geldes, das seine zentralen Funktionen als anerkanntes Tauschmittel, grundlegende Recheneinheit und wertbeständige Rücklage gänzlich verlor, führte zu einer Entwertung auch der moralischen Werte und zu einer Zunahme der Kriminalität, in erster Linie bei Diebstählen und anderen Bagatelldelikten. »Die Straftaten steigen mit dem Dollarwerte« schrieb *Die Fackel*.[90] Das Gefühl für Recht und Unrecht verwischte sich in Hunger und Elend. Die Selbstmordrate erhöhte sich, wobei überproportional Frauen ihrem Leben ein Ende setzten. Die (Gelegenheits-)Prostitution blühte, die Zahl der Schwangerschaftsabbrüche schwoll drastisch an. Nach wie vor standen Abtreibungen unter Strafe (Paragraph 218). Die Kampagne zur Entkriminalisierung intensivierte sich

1923: »Nieder mit dem Abtreibungs-Paragraphen!« forderte Käthe Kollwitz in einem von der KPD in Auftrag gegebenen Plakat just in diesem Jahr, das eine ausgemergelte schwangere Proletarierin mit zwei Kindern zeigt. Man schätzte für die Weimarer Zeit jährlich bis zu einer Million illegaler Schwangerschaftsabbrüche. Im Krisenjahr 1923 dürfte die Zahl kaum geringer gewesen sein, eher höher, vor allem von verheirateten Arbeiterfrauen mit mehreren Kindern, die sich aus Angst vor einer Verschärfung der Notlage zu diesem Schritt entschlossen. Dabei gab es unzählige Todesfälle, erlitten zahlreiche Frauen schwere Gesundheitsschäden.

Die Zuspitzung der Situation ließ das stets glimmende Feuer des Protests zum Flächenbrand anschwellen. Es folgten reichsweit Unruhen mit Toten: Anfang Juni kamen in Bautzen zwei und in Leipzig sechs Personen ums Leben. In Frankfurt wurde im Juli bei Krawallen ein Staatsanwalt durch Demonstranten erschossen. Aachen meldete zehn bis 15 Tote, Zeitz zehn, Essen drei – die Liste ließe sich beliebig fortsetzen. Eine Protestversammlung im November 1923 in dem später zu Wiesbaden eingemeindeten Biebrich eskalierte, als Demonstranten zum Sturm aufs Rathaus bliesen und die Polizei eingriff – Bilanz: sechs Tote. Das mitunter rigorose Vorgehen der Ordnungskräfte schürte die allgemeine Radikalisierung.[91]

Auch wurde der latente Antisemitismus ans Tageslicht gespült. Als zum 15. Oktober 1923 die Bewirtschaftung von Brot, mit einer gesicherten öffentlichen Versorgung auf Bezugskarten, nach dem vom Reichstag im Juni verabschiedeten Gesetz aufgehoben wurde[92] und dies zu sprungartigen Preiserhöhungen des Grundnahrungsmittels führte – allein innerhalb weniger Tage um mehr als das Fünffache –, kam es am 5. November im Berliner Scheunenviertel zu mehrtägigen pogromähnlichen Ausschreitungen. Der durch antisemitische Hetze aufgewiegelte Mob verwüstete und plünderte jüdische Geschäfte, misshandelte und drangsalierte jüdische Mitbürger.

Im Zuge der Inflation und deren Bewältigung verschärften sich auch die Verteilungskämpfe. Stinnes und die Protagonisten der

Schwerindustrie setzten nunmehr voll auf eine Restauration der Vorkriegsverhältnisse. Das im November 1918 geschlossene Zentralarbeitsgemeinschaftsabkommen von Arbeitgebern und Arbeitnehmern, das als Markstein der Sozialpartnerschaft zunächst zum sozialen Frieden beigetragen hatte, wurde 1923/24 vor allem durch die Schwerindustrie torpediert. Der Achtstundentag wurde durchlöchert.

Mit dem Absturz der Mark erhöhte sich das Verlangen nach wertbeständigen Löhnen. Am 1. September 1923 vereinbarten die Spitzenverbände der Arbeitgeber und Arbeitnehmer Indexlöhne, eine automatische Lohnanpassung an die Inflation anstelle der prozentualen Erhöhung. Kurzgefasst: Der für einen bestimmten Zeitraum garantierte Grundlohn wurde wochenweise nach einem aus der Erhöhung der Lebenshaltungskosten gefilterten Multiplikator angehoben. Aber nachhaltig wirkte das Ganze nicht: Das Missverhältnis von Lebenshaltungskosten und Löhnen blieb.[93] Schließlich drängte man auf Umstellung der Lohnhöhe in Goldmark. Die Bergarbeiterlöhne wurden erstmalig in der dritten Novemberwoche, die der Reichs- und Staatsarbeiter vom 1. Dezember an in Goldmark festgesetzt.[94] Die Auszahlung erfolgte nach wie vor in Papiermark, aber nach dem jeweiligen Kursstand, später dann in wertbeständigen Zahlungsmitteln. Nachdem das Kabinett am 23. Oktober allen Industrieunternehmen deren Ausgabe erlaubte, wenn diese für die Sicherheit garantieren konnten, und einige Tage später eine Verordnung die Modalitäten regelte,[95] einigten sich Arbeitgeber und Arbeitnehmer gegen Ende des Monats zur Auszahlung des Lohnes zu einem Viertel in wertbeständigen Zahlungsmitteln, die allerdings oftmals erst »geschaffen« werden mussten. Es gab »lokales Notgeld auf Gold- oder Dollarbasis«, etwa 1,1 Milliarden Goldmark befanden sich Mitte November im Umlauf.[96]

Trotz dieser Anpassungen kam der Sozialstaat Weimar in stärkste Bedrängnis. Das Sozialversicherungssystem bekam Schlagseite, weil Beiträge und Rücklagen nicht mehr die Kostenexplosion bei den

Leistungen auffangen konnten. Die Geldbeträge für die Unterstützung an Rentenempfänger der Invaliden- und Angestelltenversicherung wurden per Verordnung vom 14. August einigermaßen über eine »gleitende Skala« angepasst.[97] Die Lage war dennoch so dramatisch, dass – so das Arbeitsministerium vier Jahre später – im Oktober »selbst besonnene Kreise« anregten, »den Betrieb in der Invaliden- und Angestelltenversicherung ganz einzustellen«.[98] Dazu kam es nicht. Mit der Währungsreform ging generell ein Neustart des Sozialversicherungssystems einher. So übertrug die dritte Steuernotverordnung vom 14. Februar 1924 Teile des Steueraufkommens den Ländern und überantwortete ihnen zudem die Aufgaben der Wohlfahrtspflege zur selbstständigen Regelung und Erfüllung nach Maßgabe näherer reichsrechtlicher Vorschriften.[99]

Was dauerhaft blieb, war der Verlust des Vertrauens in die Währung, der einen Verlust von Vertrauen in die Republik nach sich zog und bei vielen den verklärten Blick auf die verflossene Monarchie noch mehr vernebelte, bei zahlreichen anderen die Sehnsucht nach einer autoritären Staatsform schürte. Mit der Beruhigung der Lage traten diese in der Inflationszeit verstärkten oder erst geformten Denkhaltungen in den Hintergrund. Die mentalen Dispositionen kamen dann aber in der zweiten, von der Weltwirtschaftskrise 1929 ausgelösten Eskalation wieder voll zum Vorschein und beeinflussten die politische Kultur, für alle sichtlich an der Wahlurne.

P

Unentschlossenheit und Pflichtbewusstsein –

Um die Große Koalition

Nach Cunos Amtsantritt schrieb der Russlandsachverständige im Auswärtigen Amt, Moritz Schlesinger, an den soeben zum Botschafter in Sowjetrussland ernannten Ulrich Graf Brockdorff-Rantzau, 1919 erster Außenminister der Republik, es werde über kurz oder lang zu einer Großen Koalition kommen – aber erst, wenn eine rein bürgerliche Regierung den Beweis erbracht habe, dass sie es auch nicht viel besser könne.[100] Nun, das sollte dann im Sommer 1923 überdeutlich werden, als sich der Mythos vom erfolgreichen Industriekapitän Cuno »als politische Seifenblase« herausstellte.[101] Dass das Kabinett überhaupt so lange am Ruder blieb, war der Tatsache geschuldet, dass niemand es ersetzen oder die Rolle des Königsmörders spielen wollte. Wer in der von einer auswärtigen Macht verursachten Bedrängnis die Regierung zu stürzen gedachte, geriet in den Verdacht, einen zweiten Dolchstoß zu vollführen. So besaßen die beiden Flügelparteien SPD und DVP, auf die es bei der Bildung der Großen Koalition ankam, zunächst wenig Neigung zur Übernahme der Regierung. Zudem setzte diese bei beiden ein überhohes Maß an Kompromisswilligkeit voraus angesichts ihrer diametral entgegengesetzten Interessen: Da war die SPD als die eigentliche Partei der Republik, verankert im proletarisch-kleinhandwerklichen Milieu und Interessenvertreter der Arbeiterschaft, ihr Gegenüber die DVP als Partei der Vernunftrepublikaner (aber auch einiger Republikgegner) mit bürgerlich-industriellem Erscheinungsbild. Erst als im August die Situation schier ausweglos erschien, warfen sie all ihre Bedenken über Bord und ließen sich gemeinschaftlich in die Pflicht nehmen.

Politische Insider ahnten recht früh, auf wen es als Kanzler hinauslaufen würde. So meinte der DDP-Reichstagsabgeordnete Ludwig Haas bereits Mitte April 1923, dass Stresemann als kommender Regierungschef schon sehr weit mit den Sozialdemokraten einig sei.[102] Der »Vernunftrepublikaner« hatte am 17. April vor dem Reichstag ein Bekenntnis zur neuen Ordnung abgelegt und sich damit für eine Führungsrolle qualifiziert: »Unsere Aufgabe ist es [...], mit aller Entschiedenheit den Staat, wie er ist, zu stützen, [...] uns um ihn scharen und ihn zu verteidigen.«[103] Nicht nur dem ehemaligen Reichsschatzminister Hans von Raumer (DVP) war im Juli klar, dass das Kabinett alsbald den Rückhalt vollends einbüßen würde und dass dann die Sozialdemokraten mit in die Verantwortung zu nehmen waren.[104] Auch auf Seiten der SPD wuchs diese Erkenntnis; aber, so Hermann Müller, einer der drei 1922 gewählten Vorsitzenden der vereinigten Sozialdemokratie, das Kabinett könne nur gestürzt werden, wenn eine Alternative vorhanden sei, da man sich in der gegenwärtigen Lage nicht den Luxus einer langwierigen Kanzlersuche und Koalitionsfindung erlauben könne. Nachweislich trafen sich die beiden Vorsitzenden von SPD und DVP, Müller und Stresemann, seit Mai des Öfteren, wobei der Sozialdemokrat unsicher war, ob die Mehrheit seiner Partei den Weg in die Große Koalition mitgehen würde. Eine solche Kombination verlor allerdings bei einem Blick auf Preußen ihre Schrecken, wo sie seit November 1921 eigentlich recht gut funktionierte. Offensiver gebärdeten sich die sozialdemokratischen Freien Gewerkschaften unter ihrem Vorsitzenden Theodor Leipart, der eine solche Lösung aus Enttäuschung über Cuno schon im April präferierte. Die Forderung speiste sich auch aus der Ansicht, dass nunmehr Verhandlungen zur Lösung des Konflikts mit Frankreich geführt werden mussten, wozu Cuno keine Anstalten machte.

Es nutzte der deutschen Seite nichts mehr, dass die britische Regierung in einer Note an die französische die Ruhrbesetzung als rechtswidrig bezeichnete. Auch wenn dies als aktuell moralisch und künftig politisch »wertvoll« erschien, so war man sich im Außenamt doch im Klaren, dass London im Ruhrkonflikt »nicht als aktiver

Faktor für die deutsche Politik betrachtet werden« könne. In der Tat sollten sich die Franzosen nicht durch die Briten beeinflussen lassen. Es blieb dabei: Das Ruhrgebiet bildete für Paris nach wie vor ein »territoriales Sonderpfand«.[105]

Im Laufe des Monats Juli steigerte sich als Reaktion auf die Eskalation der Lage allenthalben der Unmut. Dabei geriet auch die Politik der Reichsbank und insbesondere ihr Präsident Rudolf Havenstein in den Fokus der Kritik, dessen eine Zeit lang erfolgreiche Markstützungsaktion letztlich durch den Verlust eines bedeutenden Teils der Goldreserven zum Fehlschlag wurde. Mitte April brach das System zusammen, was den Markkurs nun gänzlich zertrümmerte. Cunos Versuch, in letzter Minute über energische Maßnahmen das Steuer noch herumzureißen, kam zu spät. Die innerhalb und außerhalb der Regierung umstrittene Fixierung des Wechselkurses per Notverordnung vom 22. Juni wurde am 4. August wieder aufgehoben.[106] Des Kanzlers weiterer radikaler Plan zur Währungsstabilisierung umfasste Importbeschränkungen, eine wertbeständige Besteuerung und eine Anleihe seitens der Industrie. Die dann am 8. August von Reichsfinanzminister Hermes im Reichstag vorgestellten und zwei Tage später verabschiedeten Gesetze, die unter anderem eine gerechtere Erhebung der unterschiedlichen Steuern vorsahen, hätten, obwohl sie nicht den großen umfassenden Wurf darstellten, die Einnahmen des Reiches spürbar und auf Dauer erhöht.[107] Aber zur Wirksamkeit brauchte es eben Zeit, und die hatte man nicht mehr. Zu lange hatte man sich einer dem Währungsverfall angepassten Steuererhöhung verweigert. Kurzfristig setzte man auf die Ausgabe einer wertbeständigen Anleihe in Höhe von 500 Millionen Goldmark, die wieder ein »Sparen ohne Angst vor Geldentwertung« möglich machen sollte.[108] Die umfangreiche, aber doch zu wenig konsequente Reform stellte zwar den größten innenpolitischen Erfolg Cunos dar, konnte ihn jedoch nicht mehr retten.

Zu immens war der Vertrauensverlust in einer stündlich dramatischer werdenden Situation: Die Mark befand sich im freien Fall, der

Alltag in der Inflation: Anstehen für Nahrungsmittel, Berlin 1923.

Kurs des Dollars katapultierte sich am 6. August, als Devisen erstmals wieder frei gehandelt werden konnten, auf 1,6 Millionen Mark hinauf. Es fehlten schlicht Geldscheine, weil man mit der Herausgabe immer neuer Noten nicht mehr nachkam, was durch den am 10. August einsetzenden Streik in der Reichsdruckerei verschärft wurde: »Die Banknotenfabrikation konnte mit dem Marksturz nicht mehr mithalten«, resümierte Otto Wels, einer aus dem Trio der SPD-Vorsitzenden.[109] In der Tat war Berlin an diesem 10. August »eine Weltstadt ohne Geld«,[110] da der Streik die Schließung der Reichsbank und einer Zahl von Privatbanken nach sich zog. Die plötzliche Geldscheinverknappung führte zu Stockungen im Zahlungsverkehr und Arbeitgeber waren nicht mehr in der Lage, den Lohn auszuzahlen: Es gab schlicht keine Banknoten mit exorbitantem Nennwert.

Lebensmittel wurden ob der rapiden Abwertung der Mark vom Handel nun ganz und gar zurückgehalten. Die Landwirte weigerten sich durchweg, die Ablieferungsquoten zu erfüllen. Dazu verschärfte die wegen der schlechten Witterung um Wochen verspätete Ernte vor allem von Kartoffeln die »Ernährungsschwierigkeiten der Verbrauchermassen«, wie Cuno Ende Juli schrieb.[111] Ohnehin hatten fehlender Dünger, für dessen Import die Devisen einfach nicht da waren, und ausgelaugte Ackerböden zu Mindererträgen geführt. Am 11. August lagerten am Essener Großmarkt Gemüsevorräte im Umfang von einem Fünftel des Standes im Jahr zuvor; in Bottrop gab es kein Fett und keine Kartoffeln mehr zu kaufen. Für Gelsenkirchen lag in der zweiten Augustwoche die Teuerung bei 140 Prozent –[112] kurzum: die Nahrungsmittelversorgung an der Ruhr war fast völlig zusammengebrochen, damit einhergehend auch die Disziplin und Arbeitsmoral, wie die Behörden in Bochum konstatierten.[113]

Die Unzufriedenheit entlud sich auf der Straße; Teuerungskrawalle erschütterten das Reich. Kaum ein Landstrich, wo die Produktion nicht unter Streiks litt und nahezu lahmgelegt war. Am Verfassungstag rief die KPD zudem noch zum Generalstreik auf – das Ziel: »Sturz Cunos und Sicherung der Lebensmittelversorgung«.[114] Am 11. August, dem vierten Jahrestag der Verfassung, konnte man mit Fug und Recht die Republik am Abgrund wähnen. In seinem Aufruf zum seit 1921 feierlich begangenen Verfassungstag malte Reichspräsident Ebert in düsteren Farben, wenn er von schwerer Bedrängnis und einer dunkel verhangenen Zukunft schrieb.[115] Die Situation war so angespannt, dass die abendliche Festveranstaltung zum Verfassungstag abgesagt wurde, nachdem die mittägliche Feier im und vor dem Reichstag noch stattgefunden hatte. In den Blicken der dabei abgelichteten führenden politischen Köpfe spiegelte sich der Ernst der Lage wider.

Am 8. August hatte Cuno den aus den Ferien geholten Parlamentariern vor der Debatte um die Steuergesetze eine mit Spannung erwartete Grundsatzerklärung abgegeben, die jedoch herb enttäuschte.

Verfassungsfeier am 11. August 1923, obwohl nicht zum Feiern zumute; vor dem Reichstag links neben dem grüßenden Offizier Reichskanzler Wilhelm Cuno und in der Mitte (vor dem Polizisten) Reichspräsident Friedrich Ebert mit (rechts neben ihm) Reichswehrminister Otto Geßler. Einen Tag später tritt Cuno zurück.

Er versteifte sich auf den »gewaltlosen passiven Widerstand«, der mit »aller Kraft fortzusetzen« sei. Er zeigte aber keine Perspektive auf, wie er sich die Lösung des Konflikts vorstellte. Es blieb bei einem »Wir stehen allein und müssen uns selbst helfen.«[116] Stresemann kommentierte in seinen Tagesnotizen: »Sehr deprimierender Eindruck.« Der Kanzler habe, so der angesehene liberale Publizist Theodor Wolff im *Berliner Tageblatt*, eine »papierene Rede mit einer Müdigkeit« vorgetragen. Die am 10. August vom Reichstag gebilligten Steuergesetze seien nicht mehr als eine wirkungslose »Steuertäuschung«, kommentierte vernichtend Georg Bernhard in der *Vossischen Zeitung*.

Das Ganze mute an wie der Versuch eines Mannes, »mit einem Automobil um die Wette zu laufen«. Der Markverfall werde jeglichen Maßnahmen enteilen.[117] Es stellte sich nun keineswegs umgehend das ein, was Reichspräsident und Reichsregierung in ihrem Aufruf vom 28. Juli im Vorgriff auf die anstehenden Schritte langfristig vorhersagten: »eine Entspannung der Wirtschaftslage«.[118] Kurzfristig konnte es die auch nicht geben. Aber kurzfristige Besserungen waren vonnöten.

Die Rufe nach einem Regierungswechsel waren nicht mehr zu überhören: »Die Lage des Kabinetts Cuno hat sich bedeutend verschlechtert«, resümierte der sozialdemokratische *Vorwärts*.[119] Das zentrale Zentrumsblatt *Germania* hatte bereits Ende Juli in einem für erheblichen Wirbel sorgenden »Alarm-Artikel«[120] schweres Geschütz gegen das Kabinett aufgefahren, das »eine einzige Enttäuschung« sei. Der Reichstag müsse den »Mut zur Verantwortung haben und Führerwillen zeigen«. Das wurde als Frontalangriff gegen die Regierung verstanden – und als Plädoyer für eine Große Koalition. Allgemein wurde die lange währende Untätigkeit beklagt, gepaart mit einer immer sichtbarer werdenden Unfähigkeit der Regierung Cuno, der Krise mit adäquaten Mitteln zu begegnen.

Eine typische Folge des sich auf die Auswirkungen und nicht auf die Ursachen der Notlage konzentrierenden Krisenmanagements war am 10. August die nach Artikel 48 erlassene Verordnung zum Verbot periodischer Druckschriften, die zur Beseitigung der republikanischen Staatsordnung oder »in einer den öffentlichen Frieden gefährdenden Weise zu Gewalttätigkeiten« aufforderten.[121] Gegen 22 Uhr an diesem 10. August versammelte sich der Ministerrat beim Reichspräsidenten, weil, wie dieser einleitend ausführte, die Lage »sehr ernst um nicht zu sagen bedenklich« sei. »Die Leute haben in den letzten Tagen nichts bekommen. Sie bekommen eine Menge Geld und können nichts kaufen.«[122] Rasche Aktion war vonnöten, um die Lage einigermaßen zu entschärfen und die Regierung am Leben zu erhalten. So wollte die Reichsdruckerei am nächsten Tag Scheine im Wert von 3,5 Billionen ausgeben, um die leeren Kassen wieder aufzufüllen, damit überhaupt wieder Löhne ausgezahlt werden konnten. Daneben sollte die Reichsbank Geld zur Beschaffung von 1000 Tonnen Fett zur Verfügung stellen und Handel wie Genossenschaften unbürokratisch und umgehend Kredite einräumen. Doch das kam alles zu spät.

Das sozialdemokratische Zentralorgan *Vorwärts* machte seine Sonntagsausgabe am 12. August in großen Lettern mit »Cuno-Krise« auf.[123] Die SPD hatte am Tag zuvor den Abgesang der Regierung eingeläutet, als sie beschloss, Cuno das Vertrauen zu entziehen und zur Bildung einer vom »Vertrauen der breiten Massen« mitgetragenen Regierung aufzurufen. In das gleiche Horn stießen die Freien Gewerkschaften, die lange Zeit die Stütze des passiven Widerstands gewesen waren, obwohl sie bis dato kaum Einflussmöglichkeiten auf die strategischen und taktischen Entscheidungen erhalten hatten. Sie mussten auf die zunehmende negative Stimmung in der Arbeiterschaft reagieren. Die Wut der Massen schien nicht mehr kontrollierbar und den Kommunisten in die Hände zu spielen.

Das Blatt hatte sich endgültig gegen Cuno gewendet, der am Beginn von Ruhrbesetzung und passivem Widerstand von einer Woge der Sympathie und Unterstützung getragen und bei seinen öffentlichen Auftritten bejubelt worden war. Nicht nur beim Besuch des volksstaatlichen Hessen am 12. Juni hatte er, wie der dortige Reichsvertreter nach Berlin meldete, »den besten Eindruck hinterlassen«, das Zusammengehörigkeitsgefühl gestärkt und für eine »festigende und belebende Wirkung auf die Stimmung« gesorgt.[124] In dieser Beschreibung war gewiss vieles überzogen geschönt worden, aber sie dürfte in der Tendenz wohl doch zutreffend gewesen sein. Sympathie genoss Cuno mit seinem nationalen Impetus besonders im nationalkonservativen Milieu, sodass er ausgerechnet in der bayerischen Regierung bis zuletzt eine Stütze besaß. So wurde sein Besuch in München am 22. März zu einem wahren Triumphzug. Doch sackten seine Popularitätswerte schon bald ab, im Sommer rauschten sie gänzlich in den Keller.

Cuno wusste nach dem Beschluss der SPD-Fraktion, dass seine Tage als Kanzler gezählt waren. Denn gegen die Sozialdemokratie konnte und wollte er nicht regieren. Er besaß nicht mehr die politische Kraft, die von ihm eingeleiteten Maßnahmen durchzusetzen; es mangelte der Regierung an Selbstvertrauen und es fehlte das Vertrauen der Öffentlichkeit. Der zermürbte Cuno war physisch angeschlagen und wirkte kränklich. Er habe, so politische Beobachter, schon seit Längerem die Absicht zu gehen. Auch der Reichspräsident, der lange zu Cuno stand, konnte, so schrieb Seeckt, »den nicht halten, der sich selbst aufgab«.[125] Ohne die Entscheidung über den sozialdemokratischen Misstrauensantrag abzuwarten, ließ der Kanzler sein Demissionsgesuch am Abend des 12. August dem Reichspräsidenten übergeben. Darin sprach er von der weit verbreiteten Absicht, dass nun eine »von einer starken festen Mehrheit des Reichstages« getragene »Koalition großer Parteien« gebildet werden müsse.[126] Diese befand sich bereits in den Startlöchern.

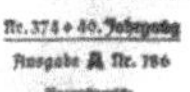

Nr. 374 • 40. Jahrgang
Ausgabe A Nr. 186

Sonntagsausgabe

30000 Mark

Vorwärts
Berliner Volksblatt
Zentralorgan der Vereinigten Sozialdemokratischen Partei Deutschlands

Sonntag, den 12. August 1923

Cuno-Krise.

Die sozialdemokratische Reichstagsfraktion zur Regierungsfrage.

An die arbeitende Bevölkerung Berlins!

Dringlichkeit einer durchgreifenden Hilfe

Für die Beseitigung der Cuno-Regierung ist gesorgt!

Ausrufung des Generalstreiks abgelehnt.

August Bebel zum Gedächtnis.

Die von der SPD ausgelöste »Cuno-Krise« – wie das sozialdemokratische Zentralorgan *Vorwärts* am 12. August 1923 titelt – führt umgehend zum Rücktritt der Regierung.

Konsens, Konflikt, Krisenmanagement

Reichspräsident Ebert konnte dem Rücktrittersuchen Cunos so schnell nachkommen, weil eine Alternative vorhanden war. Ein langes Tauziehen um die Nachfolge wollten die politisch Verantwortlichen angesichts der dramatischen Situation im Lande nicht riskieren. Der neue Mann hieß Stresemann, den Ebert noch am Abend des 12. August 1923 mit der Regierungsbildung beauftragte. Der 45-jährige Volksparteivorsitzende, ein dem Präsidenten ebenbürtiges politisches Schwergewicht, lag gewissermaßen »in der Luft« (so Seeckt).[127] Die Ministerliste stand schon am 13. August weitestgehend fest.

Die Große Koalition war so etwas wie die letzte Reserve, die mancher politische Beobachter jedoch zu früh auf das politische Parkett befördert sah.[128] Die neue Regierung stieß innerhalb der beiden Flügelparteien auf nicht unerheblichen Widerspruch, freilich aus ganz unterschiedlichen Motiven: In der DVP standen die schwerindustriellen Kreise, in der SPD vor allem (aber nicht nur) die ehemaligen Unabhängigen dem neuen Bündnis skeptisch bis ablehnend gegenüber. Die SPD-Fraktion gab mit 83 gegen 39 Stimmen ihre Zustimmung, sah sich aber sogleich der Kritik von Teilen der Basis ausgesetzt. So suchte der *Vorwärts* seine Leserschaft davon zu überzeugen, es sei ein großer Irrtum, zu glauben, dass die Große Koalition als eine »wenig erfreuliche Notwendigkeit« in der SPD allein »begeisterte Verehrer« gefunden habe. Die Quintessenz: »Man hat sie zu vermeiden versucht, solange sie zu vermeiden war, und hat sie tatsächlich angenommen, weil nur noch zwischen ihr zu wählen war und dem hoffnungslosen Chaos.«[129] Wenn selbst der Parteivorsitzende Otto Wels vor Funktionären bekannte, nicht zu den Anhängern der Großen Koalition zu gehören, diese verhindert zu haben, solange es gegangen sei, und um Zustimmung zur Fraktionsentscheidung mit den Worten warb, dass »elementare Ereignisse« dazu gezwungen hätten,[130] so spiegelte dies das sozialdemokratische Unbehagen wider, aber ebenso die Dramatik der Lage. Der Konsens der in ihren Milieus verhafteten Parteien beruhte auf der Erkenntnis, dass man nur gemeinschaftlich das leckgeschlagene Staatsschiff wieder manövrierfähig machen konnte. Über das »Wie« würde reichlich gestritten werden, denn es war keine Überzeugungsgemeinschaft, sondern eine Verbindung aus der Notlage heraus.

Alles in allem besaß die Regierung nominell eine breite parlamentarische Basis. Diese war jedoch fragiler, als die reine Zahl der Abgeordneten der Regierungsparteien vermuten ließ. Am 14. August sprach der Reichstag nach Stresemanns Erklärung der neuen Regierung mit 239 gegen 76 Stimmen bei 25 Enthaltungen das Vertrauen aus.[131] Etwa jeweils knapp ein Drittel der Abgeordneten aus SPD und DVP übte sich bei der Abstimmung in Abstinenz. Ungeachtet dessen wurde das Votum als der »größte parlamentarische Erfolg einer [...] Reichsregierung in der Republik« verbucht.[132] Viel Zuversicht lag in solcher Wertung, aber war sie auch berechtigt? Allgemein dominierte die Einschätzung, dass diese Regierung bei einem Scheitern vorerst das letzte verfassungsmäßige Kabinett sein würde. Und die Gefahr eines Auseinanderbrechens war groß. Denn keine der vorherigen Regierungen – mit Ausnahme vielleicht der ersten republikanischen von Philipp Scheidemann im Februar 1919 – hatte ihr Amt unter derart chaotischen Bedingungen angetreten. Neben der Währungssanierung war die Lösung der Ruhrfrage die schwerste Bürde.

Es blieb der Regierung gar nichts anderes übrig, als den desaströsen passiven Widerstand am 26. September für beendet zu erklären.[133] Damit verbunden war die Bekundung der Bereitschaft, die Reparationszahlungen wieder aufzunehmen. Der Abbruch des passiven Widerstandes, der sich am Ende als nutzlos und zudem überaus kostspielig erwiesen hatte, war ein Gebot der Vernunft, verschlang er doch Mitte September 1923 täglich 40 Millionen Goldmark.[134]

Nach veröffentlichten Angaben der Regierung belief sich die Unterstützung für Rhein und Ruhr in der Woche vor der Liquidation auf 3500 Billionen (Papier)Mark, wobei man eine Verdopplung für die nächste Woche erwartete.[135] Die Preisgabe des Widerstandes, die im Grunde einer Kapitulation gleichkam, bewegte in Paris wenig, wurde dort allenfalls als Bestätigung der eigenen Politik und als Waterloo der Deutschen aufgefasst. Dagegen zog sie im Innern unterschiedliche Reaktionen nach sich und führte zu einer Verschärfung der Lage, gerade auch im Verhältnis zwischen Reich und Ländern. Je weiter man nach links auf der politischen Bühne schaute, umso mehr dominierte die Erleichterung. So fühlte sich das linkssozialdemokratische Wochenblatt *Sozialistische Politik und Wirtschaft* »von dem Alpdruck eines unerträglichen Zustandes« befreit.[136] Eine Proklamation von Reichspräsident und Regierung erläuterte, dass bei einem Festhalten an dieser Verweigerungspolitik »die Schaffung einer geordneten Währung, die Aufrechterhaltung des Wirtschaftslebens und damit die Sicherung der nackten Existenz für unser Volk unmöglich« gewesen wäre.[137] Diese Ansicht wurde im rechten politischen Spektrum wider besseres Wissen als fehlgehend und als Verrat an der deutschen Sache gebrandmarkt. Die Entrüstung nahm die bayerische Regierung zum Vorwand, in Windeseile Stunden nach Aufhebung des Widerstandes den landesrechtlichen Ausnahmezustand zu verhängen, gestützt auf Paragraph 64 der bayerischen Verfassung und auf Artikel 48 der Reichsverfassung, der in Absatz 4 eine Landesregierung ermächtigte, »bei Gefahr im Verzuge [...] für ihr Gebiet einstweilige Maßnahmen« zu ergreifen. Zum Generalstaatskommissar ernannte sie den Regierungspräsidenten von Oberbayern, Gustav Ritter von Kahr. Der ehemalige Ministerpräsident (März 1920 bis September 1921) war der Hoffnungsträger der völkisch-nationalen Kreise. Die Berliner Zentralregierung konterte das Vorpreschen umgehend und erließ nach nächtlicher Sitzung am 26. September mit einer Verordnung nach Artikel 48 den Ausnahmezustand über das ganze Reich. Sie übertrug die vollziehende Gewalt auf Reichswehrminister Otto Geßler.[138] Dass dieser überhaupt noch im Amt war, hatte er im Wesentlichen dem Reichspräsidenten zu verdanken, der bei der Kabinettsbildung die Forderung der SPD nach Ablösung des Reichswehrministers durch die Drohung mit Rücktritt abgewehrt hatte.

Die Regierung war auf eine Eskalation nicht unvorbereitet. Angesichts der Vielzahl von Demonstrationen und immer neuen Gerüchten von Putschversuchen erörterten wenige Tage vor der Preisgabe des passiven Widerstandes Reichspräsident, Reichskanzler, Reichsinnen- und Reichswehrminister sowie der Chef der Heeresleitung Gegenmaßnahmen. Es ging dabei vor allem um das Ruhrgebiet, das unbedingt gehalten werden sollte. Man wusste nur zu genau, dass ein Ende des Widerstandes die Erregung im Innern schüren würde. Ihre Entschlossenheit ließ die Regierung gleich in der Presse verkünden: »Es besteht unter den verantwortlichen Faktoren der Reichsregierung volle Übereinstimmung darüber, dass gegenüber jedem Versuch, die Staatsgewalt zu erschüttern, von welcher Seite er auch kommen mag, sofort die erforderlichen Maßnahmen ergriffen und die der Reichsregierung genügend zur Verfügung stehenden Machtmittel des Staates eingesetzt werden.«[139] Das war Mahnung und Drohung zugleich.

Die Berufung Geßlers zum Inhaber der vollziehenden Gewalt überraschte doch, denn seit Überwindung des Kapp-Lüttwitz-Putsches war man sich eigentlich innerhalb der Regierung einig gewesen, mit einem zivilen Ausnahmezustand auf eine Gefährdung von Sicherheit und Ordnung zu reagieren. Die Entscheidung für den Reichswehrminister fiel wohl auch, weil bei einer zivilen Variante, bei der dann Innenminister Wilhelm Sollmann (SPD) beauftragt worden wäre, diesem die Instrumente gefehlt hätten, seine Macht auch zur Geltung zu bringen, denn Polizei war Ländersache. Das einzige dem Reich zustehende Exekutivorgan war die Reichswehr; die Befürchtung, bei einer direkten Unterstellung unter das sozialdemokratisch geführte Innenministerium könnten sich Zwistigkeiten ergeben, war keineswegs aus der Luft gegriffen.[140] Die unter dem Druck des bayerischen Parforceritts umgehend erlassene Regelung führte zum Protest einzelner Länder, die sich von der Verhängung des militärischen Ausnahmezustandes über das ganze Reich ohne Rücksprache mit ihnen überrumpelt zeigten. Berlin rechtfertigte die jetzige Aktion mit Eilbedürftigkeit, man habe »plötzlich und unerwartet« reagieren müssen.[141]

Schnelligkeit und Konsequenz konnte man am ehesten mit einem Ermächtigungsgesetz erzielen, das es der Regierung ermöglichen sollte, die finanz-, wirtschafts- und sozialpolitischen Schritte ohne den zeitraubenden Weg über den Reichstag zu gehen. Bis dahin nutzte auch die sich auf eine breite parlamentarische Mehrheit stützende Regierung den Artikel 48. In den knapp mehr als 100 Tagen der Regentschaft Stresemanns erließ der Reichspräsident 15 Verordnungen gemäß der Verfassungsbestimmung, von denen fünf der Wiederherstellung der öffentlichen Sicherheit und Ordnung dienten; die anderen, aus einer weitherzigen Auslegung der Verfassungsbestimmung entsprungen, betrafen situationsbedingte währungs- und finanzpolitische Anpassungen.

Zu den angedachten Maßnahmen im Rahmen einer zentralen Ermächtigung gehörte auch die Möglichkeit zur Erhöhung der Arbeitszeit. Der hierüber am Regierungstisch mühsam errungene Kompromiss wurde von der sozialdemokratischen Fraktion aber nicht goutiert. Denn der von der Revolutionsregierung am 12. November 1918 verfügte Achtstundentag stellte für die Arbeiterbewegung schlechthin die zentrale sozialpolitische Errungenschaft der Umbruchszeit dar, die Erfüllung ihrer alten Forderung aus den Zeiten des Kaiserreichs. So verweigerte die SPD-Fraktion mehrheitlich ihren Ministern, die einen Einbezug der Arbeitszeitfrage in das Ermächtigungsgesetz hinzunehmen bereit waren, die Gefolgschaft, auch weil eine Zustimmung unweigerlich zur Konfrontation mit den Freien Gewerkschaften geführt hätte. Diese wollte die SPD unbedingt vermeiden. Andererseits war der Achtstundentag auch für die Arbeitgeber ein – allerdings negativ konnotiertes – Symbol, und zwar für die Zugeständnisse in der Revolution, die man unter dem Zwang, die Umwälzung einigermaßen heil zu überstehen, gemacht hatte. Das letztlich tief belastende Trauma wollte man nun endlich überwinden. Die Zeichen standen auf Konfrontation, denn Stinnes konnte seine DVP für einen harten, letztlich auch den Bruch des Bündnisses in Kauf nehmenden Kurs gewinnen.

Dennoch gelang dem Kabinett in der Nacht auf den 3. Oktober die kaum mehr erwartete Einigung. Während die bürgerlichen Koalitionäre versicherten, nicht an eine Ausbootung der SPD zu denken, signalisierten die SPD-Minister Entgegenkommen in Sachen Arbeitszeit. Man verständigte sich auf eine recht komplizierte und inhaltlich schwammige Formel, wonach die Regierung von ihr als notwendig erachtete finanzielle und wirtschaftliche Maßnahmen ergreifen konnte, was Stresemann sogleich dahingehend interpretierte, dass dies auch soziale Felder umfasse.[142] Fußangeln lagen jetzt noch in Form der sozialdemokratischen Ankündigung aus, im Reichstag die Aufhebung des bayerischen Ausnahmezustandes zu verlangen, was die Regierung, die um jeden Preis den Bruch mit München vermeiden wollte, in arge Bedrängnis bringen musste.

Am 3. Oktober war das Kabinett dann doch gesprengt. Sozialdemokratische Führung und Fraktion lehnten mit knapper Mehrheit ein Ermächtigungsgesetz ab, das auch Eingriffe in sozialpolitische Bereiche umfasste. Die SPD wollte die Arbeitszeitfrage allenfalls über ein Gesetz regeln, bei dem sie direkte Mitspracherechte gehabt hätte, die bei einem Ermächtigungsgesetz so nicht gegeben waren. Damit schwand die Aussicht auf eine sinnvolle Fortsetzung der Regierung. Kurz vor Mitternacht, nach spätabendlicher Kabinettssitzung, unterrichtete Stresemann den Reichspräsidenten vom Rücktritt.[143] Die SPD war nach eigenem Selbstverständnis bis »an die Grenze der Selbstverleugnung« gegangen.[144] Der Bruch war ein Sieg des rechten Flügels in der DVP und in deren Schlepptau auch ein Erfolg der DNVP.

Doch das Kalkül in weiten Teilen bürgerlicher Kreise, über den Sturz der Großen Koalition den Weg zu einer Rechtsregierung freizumachen, erfüllte sich am Ende nicht. Denn kurzerhand beauftragte der Reichspräsident noch am Abend des Kabinettsrücktritts den scheidenden Kanzler erneut mit der Regierungsbildung. Solches war indirekt getragen von der Hoffnung, die Auflösung des Reichstags (und damit zwangsläufig Neuwahlen innerhalb der verfassungsmäßig vorgeschriebenen 60 Tage) zu verhindern, und zielte letztlich auf Restaurierung der Großen Koalition. Und die präferierte Ebert nach wie vor.

Stresemann bastelte jedoch zunächst an einem überparteilichen Ensemble der Persönlichkeiten mit Wirtschaftsführern (»Kabinett der Köpfe«, fünf an der Zahl). So las man bereits am 4. Oktober in der Presse vom zweiten Kabinett Stresemann, und zwar ohne die SPD, die sich bereits wieder in eine »Zwitterstellung« gedrängt fühlte, wo man in die Opposition verbannt, aber doch gezwungen war, die Regierung zu stützen.[145] Doch eine janusköpfige Politik blieb der SPD vorerst erspart. Denn in der Nacht zum 5. Oktober gegen 3 Uhr einigten sich im Dreiergespräch Ebert, Müller und Stresemann, den zwischenzeitlich (so er selbst) eine »tiefste Depression« ereilt hatte.[146] Dass die SPD wieder einsprang, lag zu einem Großteil auch am Ausnahmezustand, den eine Rechtsregierung gegen linksdemokratische Kräfte, also gegen die sozialdemokratischen Regierungen in Mitteldeutschland, vielleicht sogar gegen das von Otto Braun (SPD) geführte Preußen hätte anwenden können. Um dies zu verhindern, wählte die SPD das kleinere Übel; und dieses hieß: wieder hinein in die Große Koalition. Sie wurde am 6. Oktober restauriert, nachdem man den gordischen Knoten der Arbeitszeitfrage in der Form gelöst hatte, dass der Achtstundentag grundsätzlich beizubehalten war, dass er aber auf tariflichem oder gesetzlichem Wege ausgedehnt werden könne.

Die Gewichte innerhalb der Regierung verschoben sich deutlich nach rechts. Angesichts des Scheiterns der ersten Großen Koalition nach so kurzer Zeit war die zweite zum Erfolg verdammt. Doch man prophezeite ihr nur eine kurze Lebensdauer. So notierte der US-Botschafter Houghton am 6. Oktober: »All here agree that the Cabinet will be short-lived.«[147] Die neue Regierung verschaffte sich mit dem eine Woche nach ihrer Wiedergeburt vom Reichstag verabschiedeten Ermächtigungsgesetz ein wenig Luft und beträchtlichen Freiraum. Um die Zustimmung der SPD zur Fortsetzung der Großen Koalition zu gewinnen, erstreckte sich die Ermächtigung nicht auf »Regelung der Arbeitszeit und auf Einschränkungen der Renten und Unterstützungen der Versicherten und Rentenempfänger in der Sozialversicherung sowie der Kleinrentner und Leistungen aus der Erwerbslosenversicherung«. Außerdem wurde festgelegt, dass es »mit dem Wechsel der derzeitigen Reichsregierung oder ihrer parteipolitischen Zusammensetzung, spätestens aber am 31. März 1924, außer Kraft« trete. Zudem konnte der umgehend von einer im Rahmen des Ermächtigungsgesetzes erlassenen Verordnung in Kenntnis gesetzte Reichstag die Aufhebung verlangen, dem die Regierung nachkommen musste. So waren hinreichend Sicherungen eingebaut.[148]

Da das Ermächtigungsgesetz eine Verfassungsänderung darstellte, war für seine Annahme die qualifizierte Zweidrittelmehrheit erforderlich. Die galt keineswegs als sicher, da es unter den Rechten in der DVP und den Linken in der SPD rumorte. »O, was ist das für ein Durcheinander und eine Aufregung. Wir sitzen auf einem Pulverfass, jeden Augenblick kann die Reichstagsauflösung kommen«, schrieb die Frankfurter SPD-Abgeordnete Johanna Tesch am 11. Oktober.[149] Bis kurz vor der entscheidenden dritten Lesung am 13. wusste man noch nicht, ob das Gesetz das Quorum erreichen würde: »Es kommt jetzt auf die Stimme jedes einzelnen an.«[150] Man fieberte der Abstimmung regelrecht entgegen, die vom *Vorwärts* zur entscheidungsschwersten, vor der jemals ein Parlament gestanden habe, stilisiert wurde.[151] Für den Fall eines Scheiterns stand der Leiter des Büros des Reichspräsidenten, Otto Meissner, mit der roten Mappe hinter dem Kanzlerstuhl – ihr Inhalt: die Ermächtigung zur Reichstagsauflösung.

Diese war schon vorbereitet worden, nachdem im Vorfeld der zunächst für den 11. Oktober anberaumten Schlussabstimmung die Nichtannahme als wahrscheinlich galt. Denn es drohte, dass nicht genügend Mandatsträger im Plenum anwesend sein würden, um überhaupt eine qualifizierte Mehrheit zu erzielen. Nur durch den Vertagungsbeschluss entging die Koalition, in deren Fraktionen beträchtliche Lücken klafften, einer Blamage. Stresemann hatte sich zuvor beim Reichspräsidenten das Einverständnis zur Reichstagsauflösung geholt, um dies im Parlament am Ende der Debatte des 11. ein wenig verklausuliert zu verkünden: »Die Entschlüsse darüber, was die Regierung tut, wenn das Ermächtigungsgesetz abgelehnt wird, stehen fest, stehen wenigstens für mich und für diejenige Stelle fest, die darüber zu entscheiden hat.« Mit letzterem war natürlich der Reichspräsident gemeint. Es war klar, dass bei einer Reichstagsauflösung die Regierung über Artikel 48 agieren würde, ja musste, wie es Stresemann nach der Vertagung im Kabinett kundgab.[152]

Stresemann und Ebert waren sich einig, das auch als Drohinstrument fungierende Papier nicht zur Seite zu legen. Was blieb der Regierung denn auch anderes übrig, wenn ihr als Bündnis, hinter dem eine wenn auch nicht homogene, so doch zahlenmäßig eindrucksvolle Parlamentsmehrheit stand, der Reichstag die geforderte legislative Kurzstrecke nicht gewähren würde? Das Festhalten an der Reichstagsauflösung wirkte in hohem Maße disziplinierend, sodass es zu einer Anwendung nicht kommen brauchte: Mit 316 Stimmen aus den Reihen der Koalition (bei 24 Nein-Stimmen und 7 Enthaltungen, in der Mehrzahl vom rechten Flügel der DVP) übersprang das Gesetz die Hürde von 307 Stimmen. Auf Seiten der SPD fehlten lediglich 13 Vertreter, die sich nicht dem zuvor beschlossenen strikten Fraktionszwang beugten. 31 SPD-Abgeordnete erklärten im Nachhinein, dass sie nur aus innerfraktioneller Disziplin und in Sorge um die Parteieinheit mit Ja gestimmt hatten. Egal: Das Gesetz war durch. Nicht nur die *Vossische Zeitung* applaudierte: »Bravo Reichstag!«[153] Auch der Reichspräsident war sichtlich erleichtert, denn er war nun als Ersatzgesetzgeber entlastet. So forderte er die Regierung auf, die wegen ihrer Dringlichkeit noch wenige Tage zuvor nach Artikel 48 ergangenen Verordnungen auf »die rechtliche Grundlage des Ermächtigungsgesetzes umzustellen«.[154]

Mit dem Ermächtigungsgesetz übertrug die Legislative ihre Rechte der Exekutive, die jetzt auf den zentralen Feldern ohne Mitwirkung anderer Verfassungsorgane agieren konnte. Sie erließ umgehend Verordnungen, darunter bereits am 13. Oktober eine zur Aufbringung der Mittel für die Erwerbslosen,[155] danach einige zur Verlängerung von bestehenden Demobilmachungsverfügungen, zum Abbau von Personal in den öffentlichen Verwaltungen (»Personal-Abbau-Verordnung« vom 27. Oktober) und – wohl der schwerste Eingriff in die Tarifautonomie –, die Zwangsschlichtung in Tarifkonflikten (»Verordnung über das Schlichtungswesen« vom 30. Oktober). Bis zum Bruch der Koalition am 2. November, der automatisch das Ende des Ermächtigungsgesetzes bedeutete, erließ das Kabinett 36 Rechtsverordnungen,[156] danach ergingen finanz- und fiskalpolitische Maßnahmen wieder auf der Basis von Artikel 48, ohne auf Widerspruch des Reichstags zu stoßen.

Das parlamentarisch-demokratische Spiel war außer Kraft gesetzt: Wenn ein Ermächtigungsgesetz fehlte, griff die Regierung auf Notverordnungen nach Artikel 48 zurück. Der Weg über die Verfassungsartikel war obsolet, wenn ein Ermächtigungsgesetz die Umsetzung ermöglichte. So kam es zum ausgiebigen wechselnden Einsatz beider Komponenten: Im Zeitraum von Oktober 1923 bis Oktober 1924 standen 17 Verordnungen nach Artikel 48 rund 110 Maßnahmen auf der Basis der beiden Ermächtigungsgesetze gegenüber, von denen das erste unter Stresemann inhaltlich und zeitlich (bis zum 31. März 1924), das zweite unter Marx dagegen nur zeitlich (bis zum 15. Februar 1924) begrenzt war. In dieser kalten Entparlamentarisierung manifestierte sich ein generelles Funktionsdefizit der Demokratie.

Reichsgesetzblatt

943

Teil I

1923	Ausgegeben zu Berlin, den 15. Oktober 1923	Nr. 98

Ermächtigungsgesetz. Vom 13. Oktober 1923.

Der Reichstag hat das folgende Gesetz beschlossen, das mit Zustimmung des Reichsrats hiermit verkündet wird:

§ 1

Die Reichsregierung wird ermächtigt, die Maßnahmen zu treffen, welche sie auf finanziellem, wirtschaftlichem und sozialem Gebiete für erforderlich und dringend erachtet. Dabei kann von den Grundrechten der Reichsverfassung abgewichen werden.

Die Ermächtigung erstreckt sich nicht auf Regelung der Arbeitszeit und auf Einschränkungen der Renten und Unterstützungen der Versicherten und Rentenempfänger in der Sozialversicherung sowie der Kleinrentner und Leistungen aus der Erwerbslosenversicherung.

Die erlassenen Verordnungen sind dem Reichstag und dem Reichsrat unverzüglich zur Kenntnis zu bringen. Sie sind auf Verlangen des Reichstags sofort aufzuheben.

§ 2

Dieses Gesetz tritt mit dem Tage der Verkündung in Kraft. Es tritt mit dem Wechsel der derzeitigen Reichsregierung oder ihrer parteipolitischen Zusammensetzung, spätestens aber am 31. März 1924, außer Kraft.

Berlin, den 13. Oktober 1923.

Der Reichspräsident
Ebert

Der Reichsminister des Innern
Sollmann

(Vierzehnter Tag nach Ablauf des Ausgabetags: 29. Oktober 1923)

Reichsgesetzbl. 1923 I

Gesetz über Vermögensstrafen und Bußen. Vom 13. Oktober 1923.

Der Reichstag hat das folgende Gesetz beschlossen, das mit Zustimmung des Reichsrats hiermit verkündet wird:

Artikel I

Im Strafgesetzbuch in der Fassung des Geldstrafengesetzes vom 27. April 1923 (Reichsgesetzbl. I S. 254) werden ersetzt:

1. im § 1 Abs. 2 und 3 die Zahl „dreihunderttausend" jeweils durch die Worte „zehn Milliarden";
2. im § 27 in Nr. 1 die Zahl „eintausend" durch die Worte „dreißig Millionen" und die Worte „zehn Millionen" durch die Worte „eintausend Milliarden", ferner in Nr. 2 die Zahl „dreihundert" durch die Worte „zehn Millionen" und die Zahl „dreihunderttausend" durch die Worte „zehn Milliarden";
3. im § 27a die Worte „einhundert Millionen" durch die Worte „zehntausend Milliarden";
4. im § 27b die Worte „bis zu zehn Millionen Mark" durch die Verweisung „(§§ 27, 27a)";
5. im § 70 Nr. 5 und 6 die Zahl „dreihunderttausend" jeweils durch die Worte „zehn Milliarden".

Artikel II

Das Geldstrafengesetz vom 27. April 1923 wird geändert wie folgt:

1. In den Artikeln II und III werden die Worte „das Eintausendfache" jeweils durch die Worte „zehn Milliarden Mark" ersetzt.
2. Im Artikel IV werden die Worte „das Eintausendfache" durch die Worte „einhundert Milliarden" ersetzt.

153

Die beschnittene Demokratie: das mit zwei Paragraphen knapp gehaltene Ermächtigungsgesetz vom 13. Oktober, unterzeichnet von Reichspräsident Friedrich Ebert und Innenminister Wilhelm Sollmann, im Reichsgesetzblatt vom 15. Oktober 1923. Es ist eigentlich bis zum 31. März 1924 befristet, erlischt aber bereits mit dem Austritt der sozialdemokratischen Minister am 2. November 1923 entsprechend der Maßgabe in Paragraph 2, dass es »mit dem Wechsel der derzeitigen Regierung« vorzeitig »außer Kraft« trete.

Die Regierung nutzte bis zum Bruch das Instrument vor allem, um unter dem Druck der schwersten innen- und außenpolitischen Belastung der Republik die Währung zu stabilisieren. Nur auf dem Wege halbdiktatorischen Handelns war es möglich, die Krise zu überwinden und so die mit dem Ermächtigungsgesetz vorübergehend ins Wachkoma beförderte Demokratie überhaupt am Leben zu halten. Am 15. Oktober lag bereits die »Verordnung über die Errichtung der Deutschen Rentenbank« vor. Über den normalen Gesetzesweg wäre sie zu spät gekommen, weil, so der SPD-Vorsitzende Hermann Müller rückblickend, »dann alle möglichen Hemmungen sich geltend gemacht hätten, da große Meinungsverschiedenheiten vorhanden waren«.[157] Der kurze Weg war der einzig erfolgversprechende. Und die Rentenmark wurde zum Erfolg, was an ein Wunder grenzte.

Reich und Länder –
Kontroversen und Kooperation

Für den Erfolg der im August installierten Regierung war auch, so schrieb der Kommentator des *Berliner Tageblatts*, »ein enges und intimes Zusammenarbeiten der Länder mit dem Reiche« erforderlich.[158] Aber genau hier sollten sich nachhaltige Konfliktfelder auftun. Die über den Reichsrat in die Politik der Republik eingebundenen Länder erwiesen sich weitgehend als Stützen der neuen Ordnung. Ganz vorn stand dabei das republikanische Bollwerk Preußen, nach Bevölkerung und Fläche drei Fünftel des Reiches umfassend. Seit dem Umbruch 1918 wurde es von Sozialdemokraten regiert, seit März 1920 (mit halbjähriger Unterbrechung 1921) von Otto Braun, dem »roten Zaren von Preußen«. Gesamtpolitisch von Gewicht waren zudem die im Südwesten liegenden Länder Baden, Württemberg und auch Hessen, die sich in den ersten Jahren mit Regierungen aus den Parteien des republikanischen Spektrums als demokratische Pfeiler und treue Vasallen des Reiches bewiesen. Das schloss Dissonanzen mit Berlin zwar nicht aus; diese bewegten sich aber im normalen Rahmen einer föderativen Staatsordnung.

Anders sah es im Verhältnis des Reiches zum zweitgrößten Land Bayern aus, das sich unter konservativer Führung seit März 1920 als stramm nationale »Ordnungszelle« positionierte. Das Land bot vaterländischen Organisationen Heimat und Aktionsbasis. Die Münchner Regierung suchte stets von Neuem, sich dem in Artikel 15 der Reichsverfassung niedergelegten Aufsichtsrecht des Reiches zu entziehen. Daraus entwickelte sich mehr als nur ein Streit um Kompetenzen zwischen Land und Reich, mehr als nur eine Krise des Föderalismus. Es barg eine Gefährdung für die Republik. Ein weiterer Quell nachhaltiger Konflikte waren die Beziehungen Berlins zu Sachsen als dem bevölkerungsmäßig drittgrößten Land (knapp fünf Millionen Einwohner) und zu Thüringen auf Platz sechs (1,6 Millionen), die phasenweise gleichartige Entwicklungen durchliefen. So bildeten sich in beiden Ländern im Herbst 1923 jeweils kurzlebige Arbeiterregierungen aus SPD und KPD.

In Sachsen wählte im März 1923 die stark nach links gerückte SPD gemeinsam mit der KPD den bisherigen Justizminister Erich Zeigner zum Ministerpräsidenten einer reinen SPD-Minderheitsregierung. Es entwickelten sich Dissonanzen zur Reichsregierung. Streitpunkte waren die von Dresden heftig kritisierte Reichswehr und der Aufbau von »proletarischen Hundertschaften« in Sachsen aus Mitgliedern von SPD und KPD als linksrepublikanische Abwehrorganisationen. Zeigner trat gegenüber Berlin selbstbewusst auf, erklärte bereits Mitte Juni den passiven Widerstand für gescheitert, Cunos Politik für Bankrott und hielt am 7. August in Leipzig der Zentralregierung vor, nichts dagegen zu unternehmen, dass ein Großteil des Offizierskorps antirepublikanisch sei und Kontakte zu Geheimorganisationen unterhalte. Mit letzterem hatte er sehr wohl Recht.

Berlin konterte: Am 22. August präsentierte Geßler eine Denkschrift über seine Auseinandersetzungen mit Zeigner, gegen den er ein Landesverratsverfahren für angebracht hielt. Während die SPD in Berlin und Dresden offen Kritik an Geßler übte, geriet Stresemann unter Druck vor allem (aber nicht nur) des rechten Flügels seiner Partei, der auf Einschreiten gegen Sachsen drängte. Von dortigen bürgerlichen Kreisen erreichten ihn Meldungen über Unruhen und kommunistische Übergriffe; allgemein wurde die Untätigkeit der Landesregierung beklagt. Stresemann musste lavieren, da er es sich weder mit dem Koalitionspartner SPD noch mit Geßler und dem Militär verscherzen wollte. Ausgefochten wurde der Konflikt schließlich nach Verhängung des Ausnahmezustandes, den Geßler als Inhaber der vollziehenden Gewalt sogleich nutzte, die Befugnisse für Sachsen auf General Alfred Müller zu übertragen, der als Befehlshaber des Wehrkreises IV schon zuvor mit Zeigner manchen Strauß ausgefochten hatte. Das mitunter rigorose und provokante Vorgehen der

Reichswehr schweißte sächsische SPD und KPD zusammen, die in Verhandlungen über die Bildung einer Koalition traten.

Dem Drängen Geßlers auf ein Vorgehen gegen Sachsen stellten sich die SPD-Minister entgegen, die ein Eingreifen für bedenklich hielten, wenn gegen Bayern nichts geschehe. Die Hoffnungen auf eine Verständigung verschlechterten sich, als am 10. Oktober die erste sozialdemokratisch-kommunistische Landesregierung aus der Taufe gehoben wurde. In dem nach eigenem Selbstverständnis »Kabinett der republikanischen und proletarischen Verteidigung«[159] stellte die KPD zwei Minister und den Leiter der Staatskanzlei. Im politisch linken Terrain bejubelte man Sachsen als Erfüllung des lang gehegten Traums von einer Arbeiterregierung, viele im Bürgertum wähnten jedoch den Freistaat auf der bolschewistisch gepflasterten Heerstraße in ein »Sowjetsachsen«.[160]

Der Konflikt zwischen Reich und Sachsen ging in die entscheidende Phase: Müller untersagte am 13. Oktober die Bildung proletarischer Hundertschaften und unterstellte die Landespolizei der Befehlsgewalt der Reichswehr. Am 17. Oktober forderte er auf Weisung des Reichswehrministeriums die Landesregierung auf, sich von der Brandrede des KP-Ministers Paul Böttcher am 13. Oktober in Leipzig zu distanzieren, in der dieser vom proletarischen Befreiungskampf gesprochen hatte. Diese offene Gewaltandrohung dürfte den lange zögernden Reichspräsidenten zum Einschwenken auf den von Geßler angeratenen harten Kurs bewogen haben. Er befürwortete die von Seeckt vorgeschlagene Heranführung von Truppen gegen Sachsen; Zeigner protestierte im Gegenzug gegen die »aufreizende Tätigkeit des Generals«[161] und verlangte die sofortige Aufhebung des militärischen Ausnahmezustandes.

Für die Reichsregierung einschließlich des Reichspräsidenten stand außer Frage, dass die KPD die Regierungsbeteiligung als Plattform für den Umsturz nutzen würde. Die Gefahr einer von der KPD angezettelten Revolte war real, auch wenn der von ihr ausgerufene »Deutsche Oktober« letztlich nur eine auf Hamburg begrenzte

Kurzepisode blieb. Wir werden darauf zurückkommen. Berlin wollte die Kommunisten aus der Regierung drängen, weil sie – so Ebert – »die Reichsregierung offen mit Gewalt bedrohten«.[162] Nach dem 20. Oktober marschierten Reichswehrverbände in Sachsen ein, wobei es bei einigen Zusammenstößen zu Toten kam: Nach Angaben der sozialdemokratischen *Dresdner Volkszeitung* vom 17. November 1923 verloren (bis dahin) 34 Personen ihr Leben.[163] Für die Reichswehr war der Aufmarsch der Truppen nur der Auftakt zur endgültigen Ausschaltung der linken Dresdner Regierung. Es müsse darum gehen, so Friedrich von Boetticher, Abteilungsleiter im Reichswehrministerium, in aller Deutlichkeit, den »Hochverräter Zeigner ins Gefängnis zu bringen«.[164] Zeigner schien unter dem Berliner Druck das Bündnis mit der KPD aufkündigen zu wollen. Doch dazu blieb nicht die Zeit, denn aus Berlin kam ein Ultimatum mit knapper Frist. Stresemann depeschierte am 27. Oktober mit Zustimmung der zögerlichen SPD-Minister einen Brief an Zeigner, der den Rücktritt der Regierung »innerhalb des morgigen Tages« und eine Neubildung ohne KPD einforderte.[165] Zeigner lehnte ab und der Automatismus griff: Es folgte die sogenannte Reichsexekution, die von Reichspräsident und Reichskanzler aufgrund von Artikel 48 »zur Wiederherstellung der öffentlichen Sicherheit und Ordnung im Gebiete des Freistaats« unterzeichnete Verordnung zur Absetzung von Mitgliedern der Regierung und der Behörden in Sachsen.[166] Am Morgen des 29. Oktober ernannte Stresemann, noch bevor er überhaupt die Ermächtigung des Reichspräsidenten in den Händen hatte, in höchster Eile seinen Parteifreund Rudolf Heinze zum Reichskommissar.[167] Ausdrücklich der Reichskanzler (und nicht der drängende Reichswehrminister) wurde zur Entlassung von »Mitgliedern der sächsischen Landesregierung« ermächtigt, was nicht zwangsläufig das gesamte Kabinett meinte – aber natürlich durchaus umfassen konnte. Mit dieser Formulierung hätten auch lediglich die kommunistischen Ressortchefs rausgeworfen werden können. Heinze aber setzte am Mittag des 29. die gesamte Landesregierung ab. Und General

Müller ordnete die Schließung des Landtages an. So fragte nicht nur die *Vossische Zeitung*, »ob die ganze Art der Durchführung der Verordnung des Reichspräsidenten in Sachsen den Intentionen der Reichsregierung entsprach, und ob nicht in Dresden – [...] ob mit Absicht oder aus Unüberlegtheit – mehr getan worden ist, als man in Berlin wünschte«.[168] Das war es in der Tat. Über das voreilige Agieren Heinzes waren Ebert und Stresemann erbost. Auf der abendlichen Kabinettssitzung am 29. Oktober räumte der Kanzler ein, dass »manches in Dresden geschehen sei, was anders hätte gemacht werden können«.[169] Die vor der endgültigen Entscheidung nicht noch einmal konsultierten SPD-Minister erhoben schwere Vorwürfe gegen das übereilte provokative Vorgehen. Auch vom Rückzug der Sozialdemokraten aus der Reichsregierung wurde gesprochen, worüber allerdings die Fraktion zu befinden hatte.

Stresemann wies Heinze, der sich anschickte, ein neues »Beamtenkabinett« zu installieren, in die Schranken und verlangte, den Landtag zur Wahl eines neuen Ministerpräsidenten zusammentreten zu lassen. Um das Überleben der eigenen Regierung zu sichern, war er sogar bereit, in Sachsen eine sozialdemokratische Minderheitsregierung zu akzeptieren. So kam es auch. Bereits am 31. Oktober gegen 1 Uhr nachts wurde der bei der Bildung der SPD/KPD-Koalitionsregierung einige Wochen zuvor geopferte Wirtschaftsminister Alfred Fellisch mit den Stimmen von SPD und DDP zum Chef einer SPD-Minderheitsregierung gewählt. Unmittelbar darauf hoben Ebert und Stresemann die Verordnung vom 29. Oktober auf.[170] Im Nachkarten stellte der *Vorwärts* die Frage, »wer es so eilig hatte, eine Entwicklung der Dinge herbeizuführen, die das ganze Reich mit schwerem Verhängnis« bedrohe.[171] Nun – Geßler und das hinter ihm stehende Militär wollten schon lange mit Härte vorgehen; schließlich schwenkte auch Stresemann auf diese Linie ein, auf ein »energisches, klares Handeln«, um die »Autorität der Reichsregierung zu stärken«.[172] Dafür erntete er neben viel Zustimmung aber auch Kritik. Die Reichsexekution sei ein schwerer Missgriff des

»Unglückskanzlers« gewesen. Man schrieb sogar von einem politischen »Selbstmord«.[173] Bis es jedoch dazu kam, sollten noch einige Wochen vergehen.

Noch ein Blick auf das Nachbarland Thüringen: In dem im Mai 1920 durch den Zusammenschluss von sieben ehemaligen Fürstentümern gebildeten Land amtierte seit Mitte 1921 eine auf die Tolerierung der KPD angewiesene SPD/USPD-Regierung unter August Frölich, die über ein im September 1923 von den bürgerlichen Parteien und den Kommunisten unterstütztes Misstrauensvotum zu Fall kam, woraufhin Frölich einen Monat später eine Koalition seiner SPD mit der KPD einging. Sie stellte sich an die Seite der Sachsen und beklagte das »unerträgliche« Vorgehen der Reichsregierung als verfassungswidrig.[174] Natürlich geschah dies in Sorge um die eigene Regierung. In Berlin listete Geßler die kommunistischen Vorfälle in Thüringen auf, um auch dort einzugreifen. Der zum Inhaber der vollziehenden Gewalt in Thüringen ernannte vormalige preußische Kriegsminister Walther Reinhardt ließ die Truppen verstärken, unterstellte die Landespolizei der Reichswehr und ordnete die Auflösung der proletarischen Hundertschaften an. Am 6. November begann die Operation gegen Thüringen; zwei Tage später marschierte die Reichswehr vor dem Landtag auf. Auch hier ging die Reichswehr mitunter brutal gegen jeden wirklichen oder vermeintlichen Widerstand vor. Ein Ende nach sächsischem Muster lag in der Luft, folgte jedoch nicht. Obwohl es rein rechtlich gesehen keine offizielle Reichsexekution nach Artikel 48 war, wurde der Truppenaufmarsch von weiten Teilen der Arbeiterbewegung als eine solche empfunden. Mit Wirkung: Frölich lenkte ein. Die Kommunisten traten am 12. November aus der Regierung aus. Ruhe kehrte damit noch nicht ein, denn der zuständige Militärbefehlshaber warf auch der nun KPD-freien Rumpfregierung verfassungswidriges Handeln vor. Seeckt schlug die Einsetzung eines mit Regierungsbefugnissen ausgestatteten Reichskommissars vor. Reichsregierung und Reichspräsident wollten aber nicht den gleichen Fehler wie in Sachsen begehen und sandten eine Untersuchungskommission ins Thüringische. Das Ganze mündete dann Mitte Januar 1924 in eine Vereinbarung mit dem Reich.

Zu einer Übereinkunft sollte es am Ende tiefgreifender Konflikte auch mit Bayern kommen, dem Land, das sich als Vorkämpfer der Eigenstaatlichkeit und der nationalen Bewegung verstand. Konnten die Dispute mit dem Reich um die Maßnahmen nach den Morden an Erzberger und Rathenau durch Verhandlungen beigelegt werden, so gewann der Konflikt unter dem seit November 1922 amtierenden bayerischen Ministerpräsidenten Eugen Ritter von Knilling (BVP) eine neue Qualität.

Zunächst aber erwies sich Bayern angesichts des Ruhrkampfes als verlässliche Stütze Cunos. Ungeachtet dessen erhob das Land Klage gegen die nach Artikel 48 erlassene Verordnung vom 10. August gegen verhetzende Druckschriften, die ohne die in vorheriger Zeit zugesicherte Konsultation der Länder erlassen worden war. Das war nur Vorgeplänkel für das, was sich nach Abbruch des passiven Widerstandes abspielen sollte, als Bayern im Alleingang für das eigene Territorium den Ausnahmezustand noch vor dem Reich verhängte. Die Reichsregierung unternahm erst gar nicht den Versuch, die Aufhebung zu fordern, wozu sie aus verfassungsrechtlicher Perspektive nicht nur berechtigt, sondern geradezu verpflichtet gewesen wäre: zum einen, weil Länder nach Absatz 4 von Artikel 48 nur temporäre Maßnahmen ergreifen konnten, zum anderen, um das Nebeneinander einer reichsrechtlichen und einer zum Teil auf Landesrecht begründeten Verfügung zu beenden. Aber in Berlin fürchteten einige, dass eine solche Aufforderung Bayern in »vollkommenen Gegensatz« zum Reich bringen würde.[175]

Auf eine Machtprobe wollten es nur die sozialdemokratischen Regierungsmitglieder ankommen lassen, nicht aber Kanzler und die bürgerlichen Minister. Wie übervorsichtig man agierte, zeigt das Gezerre um einen intendierten Brief an die bayerische Staatsregierung, in dem Berlin dezent darauf aufmerksam machen wollte, dass mit dem reichsrechtlichen Ausnahmezustand der landesrechtliche seine Geltung verloren habe. Die Bayern sollten bitte die Frage prüfen, ob sie nicht »aus eigener Entschließung« ihre Verordnung aufzuheben bereit seien. Selbst das behutsame, nachgerade übervorsichtig formulierte Schreiben fand nicht die Zustimmung der bürgerlichen Kabinettsmitglieder, die eine Verschärfung des Konflikts befürchteten. Auf das Schreiben ging der Kanzler bei seiner Grundsatzerklärung am 8. Oktober gar nicht mehr ein, sondern fand höchst versöhnliche Töne, wenn er davon sprach, dass man die Aufhebung der bayerischen Verordnung nicht fordern werde und man im Gegenteil hoffe, dass ein »Nebeneinander der beiden Verfügungen möglich« sei.[176] Offener konnte Ohnmacht nicht eingestanden werden. Dem Reich fehlten die Machtmittel, um seine Forderungen durchzusetzen. Das einzige Instrument wäre die Reichswehr gewesen, aber deren Einsatz im Rahmen einer Reichsexekution stand für Geßler als Inhaber der vollziehenden Gewalt außer Frage. Reichspräsident Ebert selbst war durchaus bereit, die Reichsautorität mit militärischen Mitteln durchzusetzen. Denn als Kahr Ende September den Abtransport von bereits verladenem Gold aus der Reichsbankhauptstelle Nürnberg im letzten Moment untersagte, konfrontierte Ebert Seeckt mit der Frage, ob man in der Lage sei, den Transport zu erzwingen, nötigenfalls unter Zuhilfenahme der bewaffneten Macht.[177] In dieser Hinsicht scheint Seeckt aber wohl keine Perspektive aufgezeigt zu haben. Die Sache löste sich auf, als Kahr einen Monat später (!) den Abtransport gestattete. Der Imageschaden für das Reich war immens, nach den Worten Stresemanns könne man sich keinen »stärkeren Prestigeverlust des Ansehens der Reichsregierung« vorstellen.[178]

Gegenüber Bayern agierte die Reichsregierung mit einem hohen Maß an Nachsicht, die man gegen Sachsen nicht walten ließ. Andererseits traten die Bayern immer selbstbewusster auf. Ministerpräsident Knilling forderte am 12. Oktober die Aufhebung des reichseinheitlichen Ausnahmezustandes für das bayerische Territorium.[179] Ungeahndet blieb es zunächst, dass Kahr und General Otto von

Lossow, der Kommandeur der in Bayern stationierten Reichswehrkontingente, sich weigerten, das von Geßler angeordnete Verbot des nationalsozialistischen *Völkischen Beobachters* zu vollstrecken, der sich in scharf antisemitischen Angriffen gegen die Reichsregierung ausgelassen hatte, sie wolle eine »Diktatur« unter der »Firma Ebert-Stresemann-Seeckt« errichten.[180] Der daraus entspringende »Fall Lossow« sollte das Klima zwischen Bayern und Reich zusätzlich eintrüben. Ausgerechnet Lossow war im Dezember 1922 vom Reichspräsidenten zum Landeskommandanten berufen worden, ohne dass gemäß Paragraph 12 des Reichswehrgesetzes eine Personalempfehlung der Bayern vorgelegen hatte, die gegen ihr Übergehen protestierten.

Die Landesregierung verweigerte dem Reich die Gefolgschaft, als sie die von Ebert und Geßler angeordnete Amtsenthebung Lossows am 20. Oktober mit einer eigenen Ernennung des Entlassenen zum bayerischen Landeskommandanten und der Inpflichtnahme der 7. (bayerischen) Division konterte und damit den Konfrontationskurs fortsetzte, der jedoch nicht von allen Führern bayerischer Einheiten gutgeheißen wurde. Dazu gehörte Generalmajor Friedrich Kreß von Kressenstein, Artillerieführer VII in München, der später Lossow als Landeskommandant folgen sollte. Er erkannte, dass man sich »der Meuterei und des Eidbruchs« schuldig mache, und zwar für eine Sache, an die er nicht glaube und für verfehlt halte.[181] In der Tat war es ein »offener Verfassungsbruch«, wie es im Aufruf der Reichsregierung hieß. Bayern habe »die Brandfackel der Zwietracht in das deutsche Volk« geworfen. Seeckt wiederum mahnte, dass diejenigen, die diese Anordnung befolgen würden, sich des Eidbruchs und des militärischen Ungehorsams schuldig machen würden.[182] Das blieb ohne Wirkung; denn kein einziger bayerischer Truppenteil verweigerte sich der Inpflichtnahme durch die Landesregierung. Man ignorierte die Berliner »Appelle an Eidespflicht und Reichstreue«.[183] Bayern fühlte sich in dem »großen Kampf der zwei für das Schicksal des ganzen deutschen Volkes entscheidenden Weltanschauungen, der internationalen marxistisch-jüdischen und der nationalen-deutschen Auffassung« (Kahr) als »Hort deutscher und nationaler Gesinnung« gegenüber der »unter marxistischen Einflüssen stehenden Berliner Regierung« (Lossow).[184] Welch eine Sichtweise, welch ein Vokabular!

Die Krise in der Reichswehr, deren bayerische Kontingente sich von ihr gelöst hatten, wuchs zur Krise der Republik. Ebert verlangte die Aufhebung des bayerischen Ausnahmezustandes. Das Kabinett aber lavierte und wollte zunächst die Besprechung mit den Ministerpräsidenten am 24. Oktober abwarten. Diese vertraten den Standpunkt, dass die Absetzung Lossows unerlässlich sei. Nun richtete die Reichsregierung das »Ersuchen« an die Bayern, in »kürzester Frist« die verfassungsmäßige Befehlsgewalt wieder herzustellen. Kahr blieb hart. Doch auch danach wagte Berlin nicht den gebotenen Schritt, und der hieß: militärisches Vorgehen. Man sperrte allerdings die Bezüge für die 7. Division – immerhin eine Re-Aktion.

Wie im Fall des Goldtransports handelte Kahr stets eigenmächtig auch gegenüber der Landesregierung, etwa als er am 24. Oktober die Ausweisung von sogenannten »ostjüdischen« Familien verfügte, die mitunter schon Jahrzehnte im Lande lebten. Davon sollten am Ende 57 Familien mit 101 Personen betroffen sein. Mit dieser Aktion zementierte der Antisemit seinen Führungsanspruch innerhalb der national-völkischen Bewegung. In deren Reihen wurde der Ruf »Los von Berlin« immer mehr durch ein »Auf nach Berlin« ersetzt.[185] Das Dreigestirn mit Kahr, Lossow und Oberst Johann (Hans) von Seißer, dem Chef der bayerischen Landespolizei, zielte letztlich auf eine Umgestaltung der politischen Verhältnisse im Reich nach bayerischem Muster.

Berlin setzte dem wenig entgegen. Auf der Sitzung der Reichsregierung am 1. November prangerten die Sozialdemokraten die Ungleichbehandlung von Sachsen und Bayern an; sie forderten ein Vorgehen gegen Bayern und die Aufhebung des militärischen Ausnahmezustandes. Stresemann parierte dies mit dem Hinweis,

Morgen-Ausgabe

Berliner Tageblatt

und Handels-Zeitung

52. Jahrgang

Sonnabend, 3. November 1923

Austritt der Sozialisten aus der Reichsregierung.

Ablehnung der sozialdemokratischen Forderungen durch die bürgerlichen Minister.

Die Krise.

Der Beschluß der sozialdemokratischen Fraktion.

Morgen-Ausgabe

3 Milliarden

Vossische Zeitung

Berlin

Berlinische Zeitung von Staats- und gelehrten Sachen

Sonnabend, 3. November 1923

Rücktritt der sozialistischen Reichsminister.

Das Ende der Großen Koalition.

Keine Aenderung in Preußen.

Morgenausgabe

3 Milliarden M.

Vorwärts

Berliner Volksblatt

Zentralorgan der Vereinigten Sozialdemokratischen Partei Deutschlands

Sonnabend, den 3. November 1923

Das Ende der Großen Koalition.

Austritt der sozialdemokratischen Minister aus der Reichsregierung.

Die Zeitungen künden am 3. November 1923 vom Ende der Notgemeinschaft »Große Koalition«: Die sozialdemokratischen Reichsminister treten aus der Regierung aus.

dass eine Koalitionsregierung nicht den von einer Regierungsfraktion öffentlich gemachten ultimativen Forderungen nachkommen könne. Geßler setzte auf Verständigung mit den Bayern, die seiner Meinung nach nur ohne die SPD gelingen konnte – eine unverhohlene Aufforderung an die sozialdemokratischen Kabinettskollegen, sich zurückzuziehen.[186] So kam es am darauffolgenden Tag: Die SPD-Minister erklärten ihren Rücktritt. Damit war das Experiment Große Koalition nach nicht einmal drei Monaten beendet. Ad acta gelegt war, so schrieb Innenminister Sollmann Jahre später, der Versuch einer ehrlichen Zusammenarbeit »von verschiedenen Klassen der Gesellschaft und widerstrebender politischer Philosophien«.[187]

Die auf einer breiten Basis ruhende Große Koalition hatte sich als fragil erwiesen. Zu groß waren die Gegensätze zwischen den beiden Flügelparteien, die vor allem von den rechten Kreisen innerhalb der Volkspartei stetig befeuert worden waren. Hinzu kam der immense Druck innenpolitischer Krisenherde, der schließlich die Regierung sprengte. Anderswo hielt die Große Koalition. Für jene in Preußen unter Otto Braun stellten sich die von einigen befürchteten, von anderen erhofften Konsequenzen nicht ein. DDP und DVP eilten sich zu erklären, dass die Ereignisse auf Reichsebene ohne Auswirkungen auf ihr Bündnis in Preußen bleiben würden.[188]

Von Separatisten und Putschisten

»Am 9. November 1923 soll die Schmach des 9. November 1918 getilgt werden. Das ist der Ruf und die Völkischen, die Herren um Kahr, wollen ihre Gegenrevolution auf Termin machen«, hieß es in der vom SPD-Linken Paul Levi herausgegebenen Wochenschrift *Sozialistische Politik und Wirtschaft* am 6. November.[189] Keine drei Tage später aber war es nicht Kahr, sondern der Führer der Nationalsozialisten Adolf Hitler, der die »Schmach« der Novemberrevolution tilgen wollte.

Während sich die antirepublikanischen Kreise in Bayern sammelten, traten im Westen Separatisten wieder ins Rampenlicht. Der Abbruch des passiven Widerstandes hinterließ bei vielen Rheinländern das Gefühl, von der Zentralregierung im Stich gelassen zu werden. Das speiste die separatistischen Bestrebungen, die einer grundlegend antipreußischen Haltung entsprangen und auf eine Unabhängigkeit zielten. Nach ihrem kläglichen Scheitern 1919 probierten sie es 1923 erneut. Unter dem Schutzschirm der Besatzungsbehörden begaben sie sich am 30. September beim »Rheinischen Tag« in Düsseldorf zur großen Heerschau auf die Straße, wobei es zu blutigen Zusammenstößen mit der Schutzpolizei kam (»Düsseldorfer Blutsonntag«).

Am Beginn der auf Autonomie bedachten neuerlichen Bestrebungen stand Aachen im Westen der belgischen Zone, wo am 21. Oktober geschätzte 2000 Mann die wichtigsten Ämter besetzten und die »Rheinische Republik« ausriefen. Das fand in anderen Städten Nachahmer, deren Erfolg in erster Linie von dem Maß der Unterstützung durch die örtliche Besatzung abhing, die mitunter freudig und offen die Bestrebungen förderten, sich offiziell aber »neutral« verhielten. Aber wie in Aachen waren das nur kurzlebige Episoden, denen die Verankerung in der Bevölkerung fehlte. Auch in dem seit

Französische Panzer schützen das von Separatisten besetzte Rathaus in Wiesbaden, 23. Oktober 1923

1918 okkupierten Rheinhessen und Wiesbaden gingen die Separatisten wieder in die Offensive, erstürmten in der nassauischen Hauptstadt Rathaus, Polizei- und Regierungspräsidium. Die Franzosen, die in den Separatisten willkommene Gefolgsleute bei der Destabilisierung Deutschlands erblickten, entwaffneten die Polizei, forderten sie auf, »die Anhänger des neuen Systems nicht zu belästigen«,[190] und setzten den Interimsbürgermeister ab, der den im November 1919 ausgewiesenen Oberbürgermeister vertrat. Auch Kleinstädte wie das nahegelegene Limburg wurden heimgesucht, wo allerdings im November ein Häuflein Separatisten schon nach wenigen Stunden die Segel strich. In der Regel stießen die Separatisten auf Widerstand in der Bevölkerung; zudem verweigerten die Beamten der

Verwaltungen die Zusammenarbeit. Mancherorts wurde der Kampf ums Rathaus auch mit Waffengewalt ausgefochten.

Eine herausgehobene Rolle spielte die »Regierung der Rheinischen Republik« von Hans Adam Dorten und Friedrich Matthes, die in Koblenz am 23. Oktober dank der Unterstützung der Franzosen die Macht übernehmen konnten. Der Wiesbadener Ex-Staatsanwalt Dorten hatte bereits im Juni 1919 in Rheinhessen und in Wiesbaden die kurzlebige »Rheinische Republik« ausgerufen. Jetzt schien für den notorischen Sonderbündler der Zeitpunkt gekommen, um die Freiheit »von jedem Plunder«, also von Deutschland und von Preußen zu erkämpfen,[191] und einen Rheinstaat außerhalb des Reichsverbandes zu schaffen.

Welche Möglichkeiten blieben der Reichsregierung, um einzugreifen und dem Spuk ein Ende zu bereiten? Außer einem diplomatischen Protest in Paris und Aufrufe zur Einheit herzlich wenig. Dies offenbarte eine Konferenz in Hagen am 25. Oktober, bei der eine Berliner Delegation unter Reichskanzler Stresemann mit Vertretern aus dem Rhein-Ruhr-Raum zusammentraf. Letztere befanden sich in einer Stimmung aus Verzweiflung und Depression, weil man argwöhnte, das Reich könnte Rhein und Ruhr aufgeben. Stresemann versicherte demgegenüber, dass die Befürchtungen »absolut unbegründet« seien. Einer »Losreißung der besetzten Gebiete vom Reich« werde man sich entgegenstemmen. Am Tag zuvor klang das in einer Ministerbesprechung in Berlin freilich noch etwas anders, als der Kanzler davon gesprochen hatte, dass man den Kampf nicht mehr finanzieren könne und es besser sei, »in Liebe zu scheiden« und »nicht in Hass«.[192] Tatsächlich trugen sich einige mit dem Gedanken, die besetzten Gebiete ihrem Schicksal zu überlassen. Zumindest für einige Zeit sollte das Rheinland vom übrigen Deutschland losgelöst werden. Zu den Verfechtern dieser »Versackungspolitik« gehörte der Essener Oberbürgermeister und Innenminister im Rumpfkabinett Stresemann, Karl Jarres. In dem Streben nach einem Ausgleich mit Frankreich setzten andere wie der Kölner Oberbürgermeister Konrad Adenauer auf eine stärkere Föderalisierung: Das aus dem preußischen Staatsverband herauszubrechende Rheinland sollte einen eigenen Bundesstaat mit Sonderrechten bilden. Da wollte die Reichsregierung nicht mitspielen und erklärte, dass »für sie jede Diskussion über eine Veränderung des staatsrechtlichen Verhältnisses von Rheinland und Ruhrgebiet zum Reich ausgeschlossen« sei.[193]

Es blieb bei kühnen Vorschlägen und Gedanken, weil sich die Situation allmählich beruhigte und die Separatisten am breiten Widerstand der Bevölkerung, an der von ihnen als unzureichend empfundenen Unterstützung der immer mehr von ihnen abrückenden Besatzungsmacht und an inneren Konflikten scheiterten. Der separatistische Aufmarsch überschätzte sich und seine Bindungskräfte nach außen. Er fiel in sich zusammen. Die Koblenzer gerieten in Legitimierungszwänge und in Finanzschwierigkeiten, sodass sie die Löhnung für ihren paramilitärischen »Rheinlandschutz« herabsetzen und die personelle Stärke um ein Viertel verringern mussten.[194] Nunmehr beschafften sich die militanten Mitglieder der Söldnertruppe auf eigene Faust ihren Unterhalt. Die von ihnen terrorisierte Bevölkerung stellte sich ihnen entgegen. Höhepunkt war die mehrtägige Schlacht bei Aegidienberg im Siebengebirge Mitte November, als marodierend und plündernd durch die Gegend ziehende Separatistenverbände auf eine eiligst organisierte, bewaffnete Gegenwehr von mehreren tausend Mann trafen.

Mit dem Terror verspielten die Separatisten auch den letzten Hauch von Sympathie. Sie wurden immer mehr in die Enge getrieben. Am 27. November erklärte die »Vorläufige Regierung der Rheinischen Republik« ihre Auflösung. Kein Interesse mehr hatten auch die Franzosen – mit einer Ausnahme: Dies betraf die seit dem Waffenstillstand 1918 von ihnen besetzte bayerische Pfalz links des Rheins. Am 12. November 1923 proklamierten Separatisten in der Domstadt Speyer die »Pfälzische Republik«, nachdem sie Kaiserslautern, Neustadt und Landau erobert hatten.

Aufsehen hatte dort zuvor der vormalige bayerische Ministerpräsident Johannes Hoffmann (SPD) erregt, der aus Protest gegen die verfassungswidrige Politik der bayerischen Regierung – und um den linksrheinischen Separatismus in gleicher Weise zu bekämpfen – am 23. Oktober 1923 den Franzosen eine Erklärung über die Bildung eines autonomen Pfälzer Staates im Reichsverband überreicht hatte. Ziel war die Abtrennung – so Hoffmann im Nachhinein – der mit einer »größeren Autonomie« versehenen Pfalz vom verfassungsbrüchigen Bayern. Der Bruch mit Bayern sollte den Verbleib der Pfalz beim Reiche sicherstellen. Die Aktion in Torschlusspanik war kein Alleingang eines Sonderlings, sondern folgte einem Beschluss des pfälzischen SPD-Bezirksvorstands, dem das Parteiblatt in Kaiserslautern »eine politische und mehr noch eine wirtschaftliche Notwendigkeit« attestierte. Unverständnis hierüber herrschte im fernen Berlin: Bei seinem Parteifreund Hoffmann sah der Reichspräsident einmal mehr »die alte Erfahrung, dass Schulmeister in der Regel unglückliche Politiker sind«, bestätigt.[195] Auch wenn der einstige Lehrer Hoffmann von der Parteispitze gerügt wurde und der Bezirksvorstand nach fünf Tagen den Beschluss aufhob, standen nach Ansicht der bürgerlichen Öffentlichkeit in Bayern auch die Sozialdemokraten nun im Verdacht des »hochverräterischen Separatismus«.[196]

Massiv gefördert von der französischen Besatzungsmacht wurde die später im November ausgerufene »Pfälzer Republik«. Ihr Anführer Franz Josef Heinz fiel im Januar 1924 einem Anschlag zum Opfer. Ihm folgte Adolf Bley als Ministerpräsident der »Regierung der Autonomen Pfalz«,[197] deren Ende Mitte Februar 1924 von einer blutigen Auseinandersetzung zwischen Separatisten und der Bevölkerung in Pirmasens begleitet wurde.

Den Separatisten, die von der großen politischen Bühne verschwanden, blieb nur noch ein Werkeln im inneren Kreis, ohne die große Resonanz draußen im Lande. Friedrich Matthes rief, bevor er sich wie Dorten, der zwischenzeitlich in Bad Ems eine weitere Separatistenregierung ausgerufen hatte, nach Frankreich absetzte, im Frühjahr 1924 seinen Getreuen zu: »Entweder machen wir das Rennen oder diese ...«, wobei er ein Hakenkreuz in die Luft malte.[198] Nun – »diese« waren wenige Monate zuvor kläglich gescheitert.

Zur gleichen Zeit, als der Separatismus reichsweit über seine eigentliche Bedeutung hinaus Schlagzeilen produzierte, spielten die Kommunisten mit dem Gedanken, der Republik den Garaus zu machen. In Moskau wurde der Takt vorgegeben. Die Bolschewiki glaubten angesichts von Chaos und wirtschaftlicher Not, die sich in den »Cuno-Streiks« niederschlugen, die Zeit reif für eine Revolution in Deutschland. Der »Deutsche Oktober« sollte die Weltrevolution um eine zentrale Etappe vorantreiben. Man glaubte irrtümlich Millionen deutscher Arbeiter hinter der KPD zu wissen und setzte auf die vermeintlich von Kommunisten geführten proletarischen Hundertschaften in einer Stärke von bis zu 100 000 Mann. Das war vollkommen illusorisch. Die Eile mochte manch KP-Funktionär im Reich nicht verstehen, der dann auf der Arbeiterkonferenz in Chemnitz am 21. Oktober die Erfahrung machen musste, keine Mehrheit für einen Generalstreik gewinnen zu können. Diesen wollte der KPD-Führer und Leiter der sächsischen Staatskanzlei Heinrich Brandler umgehend ausgerufen wissen. In der Erkenntnis der mangelnden Unterstützung verwarf die KPD-Zentrale schließlich den Gedanken an einen Aufstand. Obwohl der proletarische Entscheidungskampf abgeblasen wurde, kam es in Hamburg aufgrund von Eigenmächtigkeiten örtlicher Funktionäre oder infolge von Kommunikationsfehlern zu einer Revolte, die aber schon »nach ziemlich genau 47 Stunden«[199] endete. Man zählte schließlich 40 Tote auf Seiten der Revolutionäre und der Polizei; zudem ließen 61 mehr oder minder involvierte Zivilisten, darunter zahlreiche Frauen, ihr Leben. Wenngleich die Aktion in der Hansestadt in einem Fiasko endete, bestärkte sie die Reichsregierung, gegen Sachsen vorzugehen, waren doch die Ereignisse der Beweis dafür, dass es trotz des Eintritts der KPD in die Dresdner Regierung mit ihrer Akzeptanz der republikanischen Verfassung nicht so weit her war und sie nach wie vor auf den Umsturz hinarbeitete. Andererseits legten die Chemnitzer Konferenz und der revolutionäre Einakter an der Elbe Zeugnis dafür ab, dass die KPD eigene Schlagkraft und Gefolgschaft überschätzte und dass ein kommunistischer Umsturz angesichts der effektiven militärischen Kontrolle aktuell nahezu unmöglich war. Aber dabei musste es ja nicht bleiben: Keiner konnte garantieren, dass die moskauhörige Partei, die vorübergehend verboten wurde, für alle Zeiten als revolutionäre Gefahr gebannt war.

Enttäuscht waren auch jene, die hofften, als Reaktion auf einen Linksputsch eine nationale Diktatur errichten zu können. Deren Blicke richteten sich nun noch mehr auf Bayern, wo die militanten konservativen Kräfte das zum Ziel hatten, was Lossow am 24. Oktober vor Spitzen der Landespolizei und der vaterländischen Verbände verkündete: »Einmarsch nach Berlin und Ausrufung der Errichtung der nationalen Diktatur.«[200] Zur Erkundung der Lage in Berlin entsandten die Frondeure den Chef der Landespolizei Seißer, der die Erkenntnis mitbrachte, dass ein isoliertes Vorgehen der Bayern nicht die Unterstützung Seeckts finden würde, der einen Vorstoß in Richtung Hauptstadt nicht würde tolerieren können. Auch wenn Seeckt am 5. November an Kahr von den Gemeinsamkeiten in den »Anschauungen und Zielen« schrieb, mussten es die Bayern als Warnung verstehen, wenn der General es als gefährlich erachtete, die Reichswehr in eine Lage zu bringen, »sich gegen Gesinnungsgenossen für eine ihr wesensfremde Regierung einzusetzen«.[201] Andersherum gewendet: Wenn Bayern auf Berlin zumarschiere, müsse die dortige Reichswehr die von Seeckt als abgangsreif charakterisierte Regierung Stresemann schützen. Die Lage stellte sich für die Männer um Kahr nun so dar, dass man keinesfalls aus eigenem Antrieb nach Berlin aufbrechen sollte und dass der Startschuss zur nationalen Gegenrevolution in der Reichshauptstadt fallen müsse – kurzum: mitmachen ja, aber nicht den Vorreiter mimen. Vor allem der Einmarsch der Reichswehr in Sachsen und in Thüringen hatte die Situation grundlegend geändert.

Was würde passieren, wenn die bayerischen Einheiten die Grenze überschreiten würden?

So bremste das Triumvirat die ungeduldigen Kräfte, die auf ein Signal warteten. Es kam nicht. Und es schien auch nicht von der Versammlung am Abend des 8. November im Münchner Bürgerbräukeller auszugehen, wo die Spitzen aus Politik, Militär und Polizei zusammenkamen. Mitten in die Rede Kahrs platzte ein schwer bewaffneter NS-Stoßtrupp in den Raum, angeführt von Adolf Hitler, der die nationale Revolution ausrief und dem Gesagten noch mit einem Schuss aus seiner Pistole Nachdruck verlieh.[202] Nach kurzen Gesprächen mit Kahr, Seißer und Lossow erklärte er die »Regierung der Novemberverbrecher« für abgesetzt und verkündete die bevorstehende Ernennung einer provisorischen deutschen Nationalregierung in München. Der erste Schritt hierzu war der anschließend im tobenden Saal vollzogene »Rütlischwur«[203] der Protagonisten Hitler, Kahr, Lossow, Seißer, zu denen sich noch der kaiserliche General Erich Ludendorff, Erster Quartiermeister der Obersten Heeresleitung ab 1916, und Münchens Polizeipräsident Ernst Pöhner gesellten.

Auf Unterstützung aus Berlin konnte Hitler nicht rechnen. Mit Seeckt hatte er es sich im März 1923 gründlich verscherzt, als er bei einer Unterredung in München den General für sich einzunehmen versuchte: »Wir werden dafür sorgen, dass die jetzige Regierung in Berlin an die Laternenpfähle des Königsplatzes vor dem Reichstag kommt, wir werden dafür sorgen, dass der Reichstag in Flammen aufgeht [sic! – WM], und wenn das große Tohuwabohu da ist, dann werde ich mit der Bitte an Sie herantreten, die Führung der gesamten Arbeiterschaft Deutschlands zu übernehmen.« Nach diesen Äußerungen erhob sich Seeckt mit den Worten: »Von heute ab, Herr Hitler, haben wir uns nichts mehr zu sagen.«[204]

Nachdem Kahr und Lossow am 6. November die vaterländischen Verbände zur Geduld aufgerufen und vor Eigenmächtigkeiten gewarnt hatten, setzte Hitler alles auf eine Karte und startete seinen »Marsch nach Berlin«, dem »Marsch auf Rom« des italienischen

Hitler-Putsch. Nationalsozialisten auf dem Marienplatz in München, am 9. November 1923.

Faschistenführers Benito Mussolini im Jahr zuvor nacheifernd. Der zum »deutschen Mussolini« ausgerufene NS-Leitwolf wusste wohl nicht genau, auf welchen Pfeilern die erfolgreiche Strategie des italienischen Vorbildes basierte: auf symbolischer Straßenpolitik und Kooperation mit den alten Machteliten. Das erste beherrschte Hitler, die Ansätze für das zweite zerstörte er durch seine Aktion.

So musste er scheitern, denn Kahr, Lossow und Seißer erklärten, nachdem sie ihre Aktionsfreiheit wiedergewonnen hatten, die »erpressten Erklärungen« im Bürgerbräu für »null und nicht« und wandten sich gegen die von »Trug und Wortbruch« geleiteten »ehrgeizigen Gesellen«.[205] Sie brachten die Gegenaktion ins Rollen. So endete der Marsch Hitlers und seiner etwa 2000 Getreuen in einem nicht mal einminütigen Kugelhagel der Landespolizei bereits an der Feldherrnhalle. Während 14 Kampfgenossen fielen, konnte Hitler fliehen. Er wurde zwei Tage später gefasst, in einem Hochverratsverfahren am 1. April 1924 zu der – mit Blick auf die rechtslastige Justiz der Zeit nicht verwunderlichen – Mindeststrafe für Hochverrat von fünf Jahren Festungshaft verurteilt und nach nicht einmal neun Monaten in Landsberg mit allerlei Annehmlichkeiten und unzähligen Besuchen kurz vor Weihnachten auf Bewährung wieder entlassen.

Kahr büßte durch seine schwankende Haltung an Autorität und Prestige ein. Der einstmals »beliebteste Vertreter Bayerns ist von einem Tag auf den anderen der am meisten verachtete geworden«, vermeldete der französische Gesandte in München, Jean de Pozzi. Durch die Straßen hallte es »Judas Kahr« und »Verräter Lossow«. Ein Spottgedicht auf das verräterische Dreigestirn machte die Runde: »Kahr, Lossow, Seißer / sind drei Hosenscheißer. / Was um 10 Uhr sagt der Kahr, / ist um 11 Uhr nicht mehr wahr.«[206] Im fernen Berlin wurde demgegenüber Kahr als der wirklich Schuldige für den Putsch ausgemacht; der abschätzig betrachtete Hitler habe lediglich zu vorzeitig gehandelt.

War der Hitlerputsch, der lächerliche »Rebellionsversuch eines Schwachbegabten«, eine ernsthafte Gefahr für die Demokratie? Wohl kaum. Die Nationalsozialisten waren zu schwach. Das wurde schon früh auch in Berlin erkannt: »Karnevals Ulk«, nannte es ein Beamter des Auswärtigen Amtes.[207] Die eigentliche Gefahr, so wird konstatiert, sei von einer antidemokratischen Bewegung ausgegangen, von großen Teilen der Reichswehr und deren Führung sowie einer Vielzahl von konservativen und nationalistischen Organisationen und Sympathisanten bis weit hinein in die DVP, die anfällig für eine Diktatur gewesen seien. Das mag sein, aber es bleiben Fragen, ob das Potential groß genug gewesen war, um bei einem Anschluss an Hitler in einem Bürgerkrieg bestehen zu können, wenn es denn diesen überhaupt zu führen gewillt war, und wie die Reichswehr jenseits von Bayern reagiert hätte. Bot da nicht ein Ereignis sechs Wochen zuvor Anschauungsunterricht?

Am 1. Oktober hatte der Organisator der Schwarzen Reichswehr, Bruno Ernst Buchrucker, in Küstrin einen Putsch vollführt. Der Sympathisant des Kapp-Unternehmens, 1920 auf Druck von Ebert aus der Reichswehr entlassen, war mit dem Aufbau irregulärer Kampfverbände betraut worden. Vom Reichswehrminister Geßler wegen Überschreiten seiner Kompetenzen zur Haft ausgeschrieben, setzte er sich in die 100 Kilometer östlich von Berlin liegende Festung Küstrin ab. Hier an der Oder scheiterte der dilettantische Putschversuch von schließlich etwa 400 Mann am Durchgreifen der Reichswehr. Die Bedeutung dieser Rebellion, die sich auf Küstrin und zwei weitere Standorte beschränkte, hielt sich in Grenzen, auch wenn hierüber in den Berliner Regierungskreisen Aufregung entstand, Buchrucker selbst das ganze Unterfangen als Teil eines umfassenden Staatsstreichs stilisierte und dies im nachfolgenden Prozess vom Gericht attestiert bekam. Sicher, es gab Verbindungen quer durch das Reich, formulierten Eingeweihte hochtrabende Ziele und glaubten hinter sich wesentliche Truppenteile. Es dürften wohl eher kleine Gruppen von eingeweihten Frondeuren gewesen sein, die sich selbst größer machten, als sie waren. Wo waren die 6000 Mann, die in Buchruckers Plänen als Kerntruppe des Umsturzes genannt wurden, wo die 20 000 in Norddeutschland oder die 5000 im Hessischen, die Involvierte glaubten mobil machen zu können? Das war eine Luftnummer. Der Eintagesputsch des »verkappten« Buchrucker war nicht die verpatzte Ouvertüre zu einem Drama in mehreren Akten, nicht der Beginn eines großangelegten Komplotts mit staatsgefährdendem Potential, wohl eher eine Köpenickiade eines Überschätzten und sich selbst Überschätzenden, der verhaftet, verurteilt und 1927 amnestiert wurde.[208]

Und wie sah es reichsweit mit dem Potential der NSDAP aus? Jenseits der NS-Kerngebiete hielten sich Häuflein bereit für ein Losschlagen. Ganz so viele, wie sich später die »alten Kämpfer« erinnern wollten und im Rückgriff auf deren Schilderungen geschrieben worden ist, waren es in der Tat nicht. Wenn etwa in Bremen mit seinen rund 280 000 Einwohnern gerademal 45 Hakenkreuzträger, die auf zwei Transport-LKW passen würden, unter der Führung eines 23-jährigen »Freikorps-Veteranen« »Gewehr bei Fuß« standen und auf die ganz Deutschland überschwemmende Revolution hofften,[209] kann das nicht als schlagkräftiges Reservoir bezeichnet werden. So erwies sich der vermeintliche Sturm der Nationalsozialisten jenseits des Münchner Marienplatzes als laues Lüftchen, um nicht zu sagen: Es herrschte rasch wieder Windstille im Reich.

Eine Gefahr für das Reich wäre die Aktion der Nationalsozialisten nur dann gewesen, wenn die anderen völkisch-nationalen Kreise Bayerns, mit den hinter ihn stehenden Kampftruppen von Heer und Polizei ihrem Ruf gefolgt wären. Aber sie marschierten nicht mit Hitler, sondern gegen ihn. Wie sich die Reichswehr bei einer tatsächlichen Eskalation zwischen München und Berlin verhalten hätte, lässt sich mit Sicherheit nicht sagen. Hätte die Seeckt zugeschriebene Maxime aus den Kapp-Tagen 1920 »Reichswehr schießt nicht auf Reichswehr« dann noch Gültigkeit? Oder würden es die in Mitteldeutschland zusammengezogenen Verbände doch tun? War das Militär nicht trotz aller antirepublikanischen Ressentiments ein durch den Kapp-Lüttwitz-Putsch gebranntes Kind? Es spricht vieles dafür, dass die Reichswehr bei einer Aktion der Bayern zwischen die Mühlsteine geraten und vielleicht sogar zermalmt worden wäre, wie der frühere Generalquartiermeister und Verkehrsminister General Wilhelm Groener meinte.[210] Die Reichswehr war keineswegs der monolithische Block, wie sie oftmals dargestellt wird. Man wird fragen müssen, wie der bis zum März 1920 amtierende Chef der Heeresleitung Walther Reinhardt, Befehlshaber des Wehrkreises V im Südwesten und im Zuge des Ausnahmezustandes auch Inhaber der vollziehenden Gewalt in Thüringen, und die von ihm befehligte 5. Division auf eine Aktion gegen die demokratische Ordnung reagiert hätten. Reinhardt, der die Soldaten als berufene »Hüter der Verfassung«

Proklamation
an das deutsche Volk!
Die Regierung der November-
verbrecher in Berlin ist heute für
abgesetzt erklärt worden.
Eine
provisorische deutsche
Nationalregierung
ist gebildet worden, diese besteht aus
Gen. Ludendorff
Ad. Hitler, Gen. v. Lossow
Obst. v. Seisser

Ein Dokument der Überschätzung: Adolf Hitler verkündet die Absetzung der rechtmäßigen Reichsregierung (»Regierung der Novemberverbrecher«) und die Bildung einer »Nationalregierung« der bayerischen Frondeure – das bleibt überzogenes Wunschdenken, das in ein Desaster führt. Zehn Jahre später aber ist Hitler am Ziel.

verstand, galt als der loyalste Diener der Republik im Militär und hatte im Kapp-Lüttwitz-Putsch als einziger der führenden Generäle dafür plädiert, den meuternden Einheiten mit Waffengewalt Widerstand zu leisten.[211] Und zu guter Letzt steht im Raum, ob der »Dissens zwischen Regierung und Reichswehr« nicht doch geringer war, als oft angenommen worden ist.[212]

Jenseits des Hypothetischen und der unbeantworteten Fragen: Das Reich besaß eine funktionstüchtige Regierung; in zahlreichen Ländern über Sachsen und Thüringen hinaus existierten republikanische Koalitionen (Baden, Württemberg, Hessen oder auch in Anhalt) mit der demokratischen Bastion Preußen als Bergfried, wo es immerhin eine gut ausgerüstete Schutzpolizei gab, die 1921, noch ganz im Aufbau befindlich, im Wesentlichen den kommunistischen Aufstand in Mitteldeutschland niedergeschlagen hatte und dabei nur rudimentär die Unterstützung der Reichswehr benötigte. Nicht hypothetisch ist auch die Feststellung, dass die antidemokratischen Kräfte geschwächt aus 1923 hervorgingen, viele sich in die Hinterzimmer zurückzogen. Hitler leistete mit seinem Vorpreschen den Bestrebungen der Völkischen einen Bärendienst: »Der Führer der Nationalsozialisten trug wesentlich dazu bei, die aufs höchste gefährdete Republik zu festigen« – ein schon früh gezogenes, nach wie vor gültiges Fazit.[213]

Gedankenspiele –
Diktator oder Direktorium?

»Man schreit nach Diktatur, hat aber keine Diktatoren.«[214] Außenamtsstaatssekretär Ago von Maltzan umriss mit diesen Worten am 8. November 1923 die angesichts des absehbaren Endes der Stresemann-Regierung vor allem im rechten Spektrum kräftig sprießenden Hoffnungen. »Nationale Diktatur« hieß das Zauberwort. Der Gedanke an eine wie auch immer geartete Diktatur, von einer vollkommen von der Verfassung abgekoppelten Herrschaft bis hin zu einem vom Reichspräsidenten gestützten kleinen Kabinett mit weiten Ausnahmekompetenzen, gerade noch im Rahmen der verfassungsrechtlichen Möglichkeiten agierend, geisterte schon seit Wochen durch die politische Landschaft. Der Ruf nach einem Diktator oder einem kleinen Direktorium erschallte auch aus dem zunehmend republikmüden und einer interessengeleiteten Parteipolitik überdrüssigen Bürgertum. Gegenüber dem US-Botschafter Houghton sprach der Industriemagnat Stinnes davon, dass nach einer von Linksradikalen angezettelten Revolte der Reichspräsident nicht umhinkönne, als »im Namen der Republik einen Mann oder, wenn möglich, ein Komitee von drei Männern als Diktator« zu berufen.[215]

Als Mitglieder eines solches Directoires wurden der deutsche Botschafter in Washington, Otto Wiedfeldt, ehemals Direktor der Krupp-Werke, und Friedrich Minoux, der soeben von Stinnes entlassene Generaldirektor der Berliner Abteilung des Konzerns genannt. Seeckt sollte der Dritte im Bunde sein. Dem Wirtschaftsführer Minoux war nach einem Gespräch mit dem Reichspräsidenten klar geworden, dass dieser eben nicht gegen die Verfassung handeln werde. »Wenigstens für die nächste lange Zeit wird sich Ebert« – so das Fazit von Minoux – nicht von den »Fesseln als Parteimann und Parlamentarier frei machen«. Darum müsse man sich nicht nur von

Stresemann, sondern auch vom Reichspräsidenten trennen.[216] Demgegenüber besaß Seeckt die feste Überzeugung, den Weg in die Ausnahmeregierung nur *mit* – und nicht *gegen* – den Reichspräsidenten zu gehen. Auch wenn Seeckt aus allen Teilen Deutschlands, wie sein Adjutant Hans Harald von Selchow notierte, aufgefordert werde, die »Zügel der Macht zu ergreifen, legal oder illegal«, so werde dieser es nur auf legalem Wege tun, wenn also der Reichspräsident ihm diese Gewalt überträgt.[217] In militärischen Kreisen wurde an eine diktatorische Lösung auch in Form eines Kabinetts Stresemann mit einigen wenigen Ministern gedacht. Um der Vereinnahmung durch Deutschnationale und Republikgegner zu entgehen, sahen auch Berater in Seeckts Umfeld »das Bürgertum und die national empfindenden Sozialisten« als die geeigneten Pfeiler einer solchen Variante.[218]

Der General selbst scheint über die personelle Lösung bei Verhängung des Ausnahmezustandes, als Geßler die vollziehende Gewalt übertragen worden war, unglücklich gewesen zu sein. Denn unmittelbar zuvor bastelte er an einem eigenen Programm für eine »Regierung des Ausnahmezustandes und des Übergangs«, für deren Spitze er sich bereithielt, wie es in der bereits konzipierten Regierungserklärung hieß: »In ernster und schwerer Stunde ist ein Soldat an die Spitze der Regierung berufen und als Soldat im Dienste des Reiches bin ich dem Ruf gefolgt.«[219] Seeckts Pläne zielten in der Essenz auf ein Direktorialregime, wobei sowohl von einer provisorischen Interimsregierung als auch von einer langfristigen Diktatur die Rede war. Jedoch wurde in militärischen Kreisen sein unbedingter Machtwille in Frage gestellt. So notierte Friedrich von Boetticher in seinem Tagebuch: »Ich erwarte von ihm nichts, er kann nur arbeiten unter einem politischen Führer. Er ist kein Diktator. Denn ein Diktator ernennt sich selbst!«[220] Vielleicht entsprang dieses kritisierte Zögern Seeckts weniger einer Ängstlichkeit, sondern vielmehr wohlüberlegter Skepsis und politischer Klugheit.

Dass Ebert den Gedankengängen Seeckts wohlwollend neutral, gar vorsichtig aufgeschlossen gegenüberstand, lässt sich nur durch ein hohes Maß an Resignation und Ratlosigkeit erklären. Die Große Koalition, auf die er als Präsident und Mentor von Kanzlerkür und Kabinettsrekrutierung seit den Wahlen vom Juni 1920 mit dem Verlust der Mehrheit für die aus SPD, DDP und Zentrum bestehende Weimarer Koalition hingearbeitet hatte, war nach noch nicht einmal drei Monaten zerborsten. Zudem war die eigene Partei nicht mehr willens, mit der DVP zusammenzuarbeiten. Und ob sie ein neues Minderheitskabinett tolerieren würde, durfte nach dem mit Pauken und Trompeten vollzogenen Abgang ihrer Minister als unwahrscheinlich gelten.

Für Ebert schien eine letztlich demokratisch konstituierte vorübergehende Regierung, gebunden an die Macht des Präsidenten und über Artikel 48 von ihm gestützt, durchaus attraktiv zu sein. Nach dem vorauszusehenden Ende Stresemanns musste alles parat sein, um das dann drohende Vakuum rasch auszufüllen. Die parlamentarische Verkrustung vor Augen, dazu der dauerhafte Alpdruck vom allzu schnellen Zusammenbruch der Großen Koalition, ließen viele nach einer Lösung suchen, die schnellstmögliches Handeln versprach. Und das war eine parlamentsunabhängige provisorische Regierung.

So wandte sich Seeckt auf Eberts ausdrücklichen Wunsch hin am 4. November, zwei Tage nach Austritt der Sozialdemokraten aus der Regierung, mit der Bitte an Wiedfeldt, sich für ein »kleines Kabinett mit Direktoriums-Charakter und Ausnahme-Vollmachten« bereitzuhalten. Wiedfeldt zögerte und sagte erst nach dem Ende Stresemanns ab.[221] Seeckts Planungen hatten damit einen Dämpfer erhalten. Auch Ebert wurde vorsichtiger. Wiedfeldt, also den Mann der Wirtschaft, mochte er an der Spitze eines Regierungsdirektoriums noch akzeptieren, der oberste Militär aber erschien ihm vor allem unter außenpolitischem Blickwinkel indiskutabel. Es gab Anzeichen, dass eine wie auch immer geartete Diktatur mit dem General als Aushängeschild im westlichen Ausland auf gravierende negative Reaktionen stoßen würde. Das dürfte Ebert gegenüber den Vorhaben Seeckts zögerlicher gemacht haben. Hierzu kamen Vorkommnisse, die ihn letztlich immer mehr von Seeckt abrücken ließen. So schien der General willens zu sein, im Fall einer Beauftragung gegen das sozialdemokratische Übergewicht in Preußen vorzugehen, und zwar durch eine Vereinigung von Reichskanzler und preußischem Ministerpräsidenten. Anfang November kam es zudem zu einem heftigen Disput über den von Ebert geforderten, vom General aber abgelehnten Einsatz der Reichswehr gegen Bayern. An diesem 3. November kursierte in Berlin die Meldung, Bayern werde mit seiner 7. Division gegen die Reichshauptstadt vorrücken, wenn nicht binnen 48 Stunden eine nationale Regierung gebildet werde. Dieses sich letztlich als Falschmeldung herausstellende Gerücht nahm Ebert zum Anlass, den sofortigen Aufmarsch gegen Bayern zu fordern. Seeckt lehnte dies jedoch unter Hinweis auf nicht ausreichende Kräfte und die Stimmung in der Truppe ab. Darüber war Ebert nachhaltig verstimmt.[222] Nach den Erinnerungen Geßlers soll Seeckt Ebert eine »Verständigung mit der Rechten« geraten haben, weil »sonst die Truppe zwischen zwei Feuer« gerate. Daraufhin habe Ebert bestimmt geantwortet, dass er dies nicht anpeilen würde und sich schon gar nicht irgendwelchen Bedingungen der Rechten unterwerfen werde: »Wenn Sie der Auffassung sind, dass die Reichswehr nicht im Stande ist, verfassungsmäßige Zustände im Reich zu schützen, dass sie das nicht kann oder nicht will, müssen Sie das jetzt erklären. Dann werde ich dieses Haus verlassen.«[223] Seeckt ruderte zurück, stellte nun darauf ab, dass Stresemann kein Vertrauen mehr im Militär besitze. Am nächsten Abend ließ er den Regierungschef wissen, dass nur ein neues Kabinett die rechtsradikale Gefahr in den Griff kriegen könne. Der dies als Aufforderung zum Rücktritt auffassende Kanzler rief nachts um 2:30 Uhr aufgeregt bei Ebert an,[224] welcher eine Aussprache vermittelte. Dabei scheint Stresemann sein Amt zur Verfügung gestellt zu haben, wurde aber von Ebert zum Bleiben aufgefordert.[225]

Seeckt war mit dieser Aktion aus seiner bislang streng eingehaltenen politischen Reserve herausgetreten und musste feststellen, dass der Reichspräsident den Kanzler unbedingt halten wollte, zumindest solange es parlamentarisch möglich und sinnvoll war. Ebert wiederum, der sich übergangen fühlen musste, erneuerte seine Forderung nach dem Einsatz der mit seiner Einwilligung bereits in Thüringen einmarschierten Truppen gegen Bayern.[226] Es stellt sich die Frage, ob, nachdem Seeckt ein von Ebert gefordertes Eingreifen gegen Bayern abgelehnt hatte, er nicht zur Rechenschaft zu ziehen war. Was wäre passiert? Hätte eine Absetzung Seeckts nicht am Ende eine Revolte im Militär heraufbeschworen und den Bayern den willkommenen Anlass zum Bruch mit dem Reich und zum offenen Kampf gegen Berlin gegeben? Seeckt zu entlassen, so angebracht es möglicherweise aus verfassungsrechtlicher Sicht auch gewesen sein mochte, da der Chef der Heeresleitung dem obersten militärischen Verfassungsorgan nicht Folge leistete, hätte der Anfang einer dramatischen Zuspitzung sein können, deren Finale niemand absehen konnte.

Die Erfahrungen mit Seeckt dürften Ebert vor Augen geführt haben, dass der Militärchef sich anschickte, direkt und unkontrolliert in die Politik einzugreifen. Umso unverständlicher musste es erscheinen, dass er, als die Kunde von einem Putsch in München die Reichshauptstadt erreichte, ausgerechnet Seeckt zum Inhaber der vollziehenden Gewalt bestimmte, ihm praktisch die Macht in die Hände legte und eine außerordentliche Stellung verlieh. Handelte Ebert hier fahrlässig – oder bei diesem Ritt auf der Rasierklinge doch unter ausgewogenem Kalkül? Auch wenn Seeckt augenscheinlich zur Übernahme der Kanzlerschaft bereit schien – letztlich war er doch ein Legalist. Und als ein solcher würde er nicht den Versuch wagen, gegen den Willen des Reichspräsidenten die Macht an sich zu reißen. Genau dies war die Erkenntnis, die Ebert bei der Entscheidung in der Nacht auf den 9. November leitete, als er den General ermächtigte, »alle zur Sicherung des Reichs erforderlichen Maßnahmen zu treffen«.[227] Er hatte den Militär fest an sich gebunden; nunmehr wäre jede Aktion gegen Berlin zugleich auch ein Angriff auf Seeckt.

In diesem Moment, als nahezu allgewaltiger Mann im Reich, testete der General immer wieder aus, wie weit er sich auf politisches Terrain vorwagen konnte. Es kam zu Konflikten mit den Ministern, die erfolgreich im Zusammenspiel mit dem Reichspräsidenten opponierten, der wiederum selbst mit Seeckt das ein oder andere Duell auszufechten hatte. Letztlich behielt Ebert die Oberhand. Auch wenn starke politische Kräfte auf eine Diktatur oder ein Direktorium hinarbeiteten, so stand Deutschland letztlich nicht unmittelbar vor der Umwandlung in eine Alleinherrschaft. Es gab starke demokratische Parteien, dazu landauf, landab eine kraftvolle republikanische Bewegung und gewichtige Blockierer in den Schaltstellen der Macht. Der mächtigste war der Reichspräsident.

Unvollkommen, doch handlungsfähig – Ein bürgerliches Minderheitskabinett

Der Reichstag, der sich nach Verabschiedung des Ermächtigungsgesetzes am 13. Oktober auf unbestimmte Zeit vertagt hatte, versammelte sich erst wieder am 20. November. Es ging dabei um nicht weniger als das politische Schicksal des Kanzlers, denn der Austritt der Sozialdemokratie hatte der Regierung die parlamentarische Mehrheit geraubt. Eigentlich war der Regierungschef, so schrieb der amerikanische Botschafter Houghton schon am 6. November, zum Rücktritt verdammt. Die krisenhaften Tage waren an dem gesundheitlich ohnehin angegriffenen Stresemann nicht spurlos vorbeigegangen.[228] Nicht nur ihm war der Substanzverlust anzumerken, geschuldet dem hohen persönlichen Einsatz. Die immensen physischen Anstrengungen der verantwortlichen Politiker in der Zeit der Extreme spiegeln sich auch in einem Brief von Rose Hilferding, Frau des Finanzministers im ersten Stresemann-Kabinett: »Rudi ist sehr herunter, er schläft nicht und kommt kaum zum Essen (!!), sitzt täglich 10 Stunden im Amt und weitere 6 Stunden verbringt er mit Konferenzen, Sitzungen etc.«[229]

Stresemanns Tage als Kanzler waren gezählt, als DNVP und KPD getrennte Misstrauensanträge vorlegten und schließlich auch der ehemalige Koalitionspartner SPD sich zu einem durchrang. Die Sozialdemokraten hoben dabei auf die Ungleichbehandlung von Sachsen und Thüringen einerseits und Bayern andererseits ab.[230] Eberts Versuch, seine Partei von einem Misstrauensvotum abzubringen, lief ins Leere. Er kritisierte den Beschluss als politische Dummheit: Man werde nach acht Wochen nicht mehr wissen, warum die SPD das Kabinett gestürzt habe, die Folgen aber werde sie noch acht Jahre lang spüren.[231] Ebert wollte seine Partei vor diesem endgültigen Bruch, der auf Jahre hinaus eine Verbannung in die Opposition bedeuten sollte, bewahren und vor allem die Staatskrise, die der Rauswurf des Kanzlers auslösen musste, verhindern.

Angesichts der drei unterschiedlichen Misstrauensanträge ging Stresemann in die Offensive und stellte die Vertrauensfrage. Als erster Regierungschef fiel er in einer offenen parlamentarischen Feldschlacht. Am 23. November lehnte das Parlament mit 231 Stimmen gegen 156 von DVP, Zentrum und DDP ein Vertrauensvotum ab.[232] Der Forderung des Kanzlers im Vorfeld, ihm die Auflösungsorder zu geben, kam der Reichspräsident nicht nach. Die Ermächtigung zur Parlamentsauflösung, nachdem einer Regierung das Vertrauen entzogen worden war, hielt er verfassungsrechtlich für bedenklich. Es galt als wahrscheinlich, dass sich die Situation auch nach Neuwahlen keineswegs grundlegend ändern würde. Nach Auflösung des Reichstags hätte Stresemann mit seinem Minderheitskabinett versuchen müssen, unter Zuhilfenahme des Reichspräsidenten über Artikel 48 zu regieren, was Ebert mit Blick auf die eigene, nicht mehr an der Regierung beteiligte Partei doch in eine Zwickmühle bringen konnte. Zudem war eine parlamentarische Hängepartie mit schwacher geschäftsführender Regierung, die doch einige Wochen, wenn nicht gar Monate andauern konnte, in der schicksalhaften Gesamtlage höchst gefährlich. Von daher rangierte die Reichstagsauflösung (jetzt noch) außerhalb seiner Erwägungen; ein anderes Kabinett sollte es erst einmal versuchen.

Mit der Ablehnung des Vertrauensvotums war die Regierung Stresemann am Ende. »Was nun?« schlagzeilte die *Kölnische Volkszeitung* am 24. November ziemlich konsterniert.[233] Das Zentrumsblatt kennzeichnete damit die von Ratlosigkeit und einer Portion Wut gerade in der bürgerlichen Mitte geprägte Stimmung. Aktivposten in der Lähmungskrise des Parlamentarismus war zunächst der Reichspräsident, weil keine der Parteien Anstalten machte, den Kanzler zu stellen. An eine sich auf parlamentarische Mehrheit stützende Koalition war schon gar nicht zu denken. Die SPD hatte nach den jüngsten Erfahrungen kein Interesse, schon wieder mit der DVP am

Kabinettstisch zu sitzen. Die DVP war gespalten in einen Flügel, der nach dem Sturz ihrer Galionsfigur nicht erneut den Kanzler stellen wollte, und einen weiteren, der sich einer Beauftragung eines ihrer Mitglieder durch den Reichspräsidenten nicht entziehen wollte.

So entwickelte sich die Kanzlersuche zu einer neuntägigen Irrfahrt, die Ausdruck einer demokratischen Ermüdung war. Die zeitgenössisch als überlang angesehenen Sondierungen beschädigten das in der Öffentlichkeit ohnehin lädierte Ansehen von Parlamentarismus und Parteienstaat. Die Kandidaten gaben sich im Reichspräsidentenpalais die Klinke in die Hand: Der erste war Wilhelm Marx, Vorsitzender des Zentrums, dann versuchten sich die DVP-Abgeordneten Siegfried von Kardorff und Karl Jarres – vergeblich. Unter der Einschätzung, dass eine Koalitionsregierung mit ausreichender parlamentarischer Grundlage nicht realisierbar war, beauftragte Ebert nun den parteilosen Heinrich Albert mit der Bildung einer Regierung. Dieser hatte unter Cuno Erfahrungen in einem sogenannten »Geschäftsministerium« gesammelt. Und auf ein solches Kabinett zielte Ebert auch jetzt: »Ich sehe nur die eine Möglichkeit, eine Regierung bewährter Männer zu bilden, die entschlossen sind, unter Zurückstellung von persönlichen und parteipolitischen Rücksichten ihre ganze Kraft für die Lebensnotwendigkeiten unseres Landes einzusetzen.«[234] Alberts Beauftragung erinnerte sehr an die Berufung Cunos und stieß bei allen bürgerlichen Parteien auf Kritik, die durch Veröffentlichung des Ebert-Briefes aus der Reserve gelockt wurden. Als mögliche Kanzler wurden jetzt Adam Stegerwald (Zentrum), 1921 für ein halbes Jahr preußischer Ministerpräsident, und erneut Kardorff genannt. Doch dann lief alles auf den von Ebert inständig beknieten Wilhelm Marx zu, dem er zutraute, das für die Stabilität einer Minderheitsregierung notwendige Wohlwollen der starken sozialdemokratischen Opposition einzuwerben. Der bei seiner vaterländischen Pflicht gepackte Rheinländer willigte ein und erneuerte die alte Koalition aus Zentrum, DDP und DVP, ergänzt um die BVP – mit geringen personellen Veränderungen: Der geschasste

Reichskanzler Stresemann nahm als Außenminister erneut Platz am Kabinettstisch.

Das neue Kabinett ging frisch ans Werk. Wie hoch der Handlungsdruck war, führten die Diskussionen um die sogleich in Angriff genommene (erste) Steuernotverordnung vor Augen, mit der das Reich sich durch Vorverlegung von Steuerterminen noch im Dezember 1923 die dringend benötigten Einnahmen sichern wollte. Artikel 48 bot wieder mal den Ausweg. Das wurde bereits in der allerersten Kabinettssitzung am 1. Dezember erwogen.[235] Sympathischer allerdings erschien allen Beteiligten die Regelung über ein Ermächtigungsgesetz. Aber darauf zu warten, war keine Zeit. So wurde noch am Tag vor dessen Verabschiedung die erste Steuernotverordnung aufgrund von Artikel 48 erlassen. Die zweite und dritte Steuernotverordnung vom 19. Dezember 1923 und 14. Februar 1924 ergingen dann auf der Basis des Ermächtigungsgesetzes.[236]

Ein solch umfassender Freibrief war zwingend erforderlich, denn hinter dem Kabinett stand keine Mehrheit, sodass sich dieses von Fall zu Fall um eine solche hätte mühen müssen, was immer auch hieß, Teile der Opposition zu gewinnen. Die Regierung war – so Marx am 4. Dezember – der Ansicht, dass »langwierige Verhandlungen im Reichstage, wie sie die Beratungen einschneidender wirtschaftlicher und finanzieller Gesetze erfordern würden, nicht wünschenswert, ja geradezu unerträglich« seien. Vielversprechender war der Weg über eine Globalermächtigung, die ein Reagieren in der durch die »Zwangslage« erforderlichen »Schnelligkeit« erlaube.[237] Eine Billigung des Parlaments schien jedoch keineswegs als sicher. Ein Scheitern würde zu dessen Auflösung führen müssen. Vorsorglich hatte Ebert der Reichskanzlei eine Order übermittelt, in der es hieß, dass der Reichstag aufgelöst werde, da das von der Reichsregierung geforderte Ermächtigungsgesetz »die Zustimmung der verfassungsmäßigen Mehrheit des Reichstags« nicht gefunden habe.[238] Diesen Schritt wollten alle Beteiligten möglichst weit hinauszögern, da Neuwahlen, die innerhalb der verfassungsrechtlich vorgeschriebenen

60 Tage nach einer Reichstagsauflösung stattzufinden hatten, mit einem gewiss heftigen Wahlkampf in der entscheidenden Konsolidierungsphase für fatal gehalten wurden.

Es musste eigentlich jedem politisch Kundigen klar sein, dass der gerade frisch installierten Regierung Marx beim Scheitern des Ermächtigungsgesetzes nur der Weg über Artikel 48 zur Fortführung der Währungsreform blieb, wenn sie nicht gleich das Handtuch werfen wollte. Die im Raum stehende Auflösung des Reichstags bei Ablehnung des Ermächtigungsgesetzes übte vor allem Druck auf die SPD aus. Denn die Verordnungen über Artikel 48 konnten in Übereinstimmung zwischen Kanzler und Präsident erlassen werden. Und es drohte der totale Ausnahmezustand, unter dem dann Neuwahlen hätten stattfinden müssen. Unter diesen Umständen mussten die Sozialdemokraten das Gesetz »schlucken«.[239] Der Parteiveteran Eduard Bernstein sah das sehr richtig: Eine Stimme gegen das Ermächtigungsgesetz war eine Stimme für Artikel 48.[240] Die direkte Vollmacht für einen begrenzten Zeitraum erschien also als das wesentlich kleinere Übel. Obwohl 41 Abgeordnete vor allem des linken SPD-Flügels fehlten, verhalf die Partei mit 128 Ja-Stimmen der Ermächtigung mit erheblichen Bauchschmerzen zur Annahme. Das Gesetz erreichte am 8. Dezember 1923 mit 313 gegen 18 Stimmen die von vielen gar nicht mehr erwartete qualifizierte Mehrheit. Die Klippe war umschifft. Die Auflösung des Reichstags, der erst wieder am 20. Februar 1924 zusammentrat, war zunächst vermieden worden.

Das bis zum 15. Februar 1924 befristete Ermächtigungsgesetz enthielt bis auf das Verbot, »von den Vorschriften der Reichsverfassung« abzuweichen, keine Begrenzung. Erlaubt waren also für zehn Wochen alle Maßnahmen, die die Regierung »im Hinblick auf die Not von Volk und Reich für erforderlich und dringend erachtete«. Vor Erlass war lediglich ein 15-köpfiger Ausschuss des Reichstags »zu hören«.[241] Mit Ermächtigungsgesetz und militärischem Ausnahmezustand besaß Marx, der auf ein förmliches Vertrauensvotum verzichtete und die Abstimmung über das Ermächtigungsgesetz als ein solches verbuchte, die Möglichkeit, um die Währungssanierung fortzuführen, die das Kabinett Stresemann mit der Errichtung der Rentenbank und der Einführung der Rentenmark – »ein Kind des Ermächtigungsgesetzes Nr. 1« –[242] eingeleitet hatte. In der Zeit vom 8. Dezember 1923 bis zum 15. Februar 1924 wurden mehr als 70 Verordnungen erlassen, darunter »viele paragrafenreiche« die, so urteilte Friedrich Stampfer rückblickend sehr richtig, »der Reichstag unter Wahrung seiner Geschäftsordnung in so kurzer Zeit auf keinen Fall hätte verabschieden können«.[243]

Zu den umstrittensten Erlassen gehörte die dritte Steuernotverordnung vom Februar 1924 mit der Regelung der »Aufwertung«. Wegbereitenden Charakter hatte die Schaffung des Unternehmens »Deutsche Reichsbahn« vom 12. Februar 1924,[244] das ein selbstständiges »wirtschaftliches Unternehmen« als Betreiber und Verwalter der im Eigentum des Reiches stehenden Eisenbahn schuf. Zuvor hatte die »Verordnung über die Arbeitszeit« vom 21. Dezember 1923 die heikle, unter Stresemann ungelöst gebliebene Frage entschieden. Der Achtstundentag wurde generell beibehalten, doch wurden Ausnahmen aufgrund von tariflichen Vereinbarungen oder behördlichen Anordnungen bis zu zwei Stunden Mehrarbeit – für Jugendliche unter 16 Jahren und Frauen maximal eine Stunde – eingeräumt, sofern »regelmäßig und in erheblichem Umfang Arbeitsbereitschaft« vorlag (Paragraph 2).[245] Arbeitszeitverordnung und Schlichtungsverordnung vom 30. Oktober waren im Grunde Bestätigungen des Tarifvertragsprinzips mit den Gewerkschaften als Tarifpartner. Aber diese sollten geschwächt in das neue Jahr gehen, in dem sich die politische Lage stabilisierte, auch und vor allem durch eine Überwindung der Inflation.

Das Mirakel der Rentenmark

1924 entstand ein Foto, das eine Frau im »Inflationskleid« zeigt. Dieses besteht ausschließlich aus Geldscheinen.[246] Das war eine der eher skurrilen Verwendungsmöglichkeiten der monetären »Altlast«. Die wertlos gewordenen Banknoten dienten, wenn sie nicht geschreddert in der Altpapierverwertung landeten, zum Heizen oder zum Tapezieren und fanden als Spielutensil wie Bauklötze oder Drachen Wiederverwendung. Derartige Bilder gibt es zuhauf. Sie standen am Ende eines Prozesses, der als »Wunder der Rentenmark« in die Geschichte eingegangen ist. Versteht man unter einem Wunder ein Geschehen oder Ereignis, das mit Ratio nicht allein erklärbar ist und daher Erstaunen hervorruft, so trifft es exakt auf die Rentenmark als Türöffner zur Währungsstabilisierung zu. Erklärbar ist deren Gelingen nicht, denn wie bei allen großen finanzpolitischen Wandlungen spielte die Psychologie eine besondere Rolle und entschied letztlich über Wohl oder Wehe der Reform. Und genau so war es bei der Währungsumstellung 1923/24. Hier wird gar nicht erst der Versuch einer »Erklärung« dieses Mirakels unternommen, sondern es werden die Voraussetzungen, Bedingungsfaktoren und Handlungen angeführt, die dazu beitrugen.

Eine Konsolidierung der Finanzen konnte es angesichts der Hyperinflation nur über eine vollkommen neue Währung geben. Mit der Mark war kein Staat mehr zu machen. Keine Operation würde Sinn ergeben, das wäre nur Herumdoktern an einer Todgeweihten. Es musste der radikale Schnitt vollzogen werden. Über das »Wie« der Reform wurde nachhaltig diskutiert. Aus den »Waschkörben mit Vorschlägen zur Rettung«[247] der Finanzen, die hier übergangen werden können, wählten die Experten die Rentenmark. Sie hat viele konzeptionelle Väter. Keine Rolle spielte die den Weisungen der Reichsregierung nicht unterworfene Reichsbank unter ihrem Präsidenten Rudolf Havenstein, der als »Fanatiker der Auffassung, dass ohne Änderung des Reparationsplans und ohne Gewährung eines Moratoriums jede Stabilisierung scheitern müsse«,[248] sich als Hemmschuh einer grundstürzenden Neuerung erwies. Wenige Tage vor seinem Amtsantritt hatte der kommende Finanzminister Rudolf Hilferding (SPD) eine verbale Breitseite gegen Havenstein abgefeuert: Er müsse wegen Unfähigkeit seinen Platz räumen.[249] Kaum jemand wollte dem obersten Währungshüter das entscheidende Projekt anvertrauen, viele ihn im Gegenteil loswerden, wozu man Reichspräsident Ebert einschaltete. Dieser war bereits nach Besprechungen im Juli verzweifelt über die Reichsbank, die sich weigere, die von Kabinett und Sachverständigen für notwendig erachteten Schritte auszuführen. In den Koalitionsverhandlungen waren sich die Regierungsparteien einig, den Rücktritt des Reichsbankpräsidenten zu fordern.[250] Aber dieser wollte nicht. Im November wies Havenstein Eberts Drängen auf Rücktritt ab.[251] Das Problem löste sich durch den Tod des Reichsbankpräsidenten am 20. November. Nachfolger wurde Hjalmar Schacht (DDP), seit dem 12. November als Reichswährungskommissar für die Umsetzung der Reform zuständig. Dabei hatten die Reichsbankgremien den deutschnationalen Reichstagsabgeordneten Karl Helfferich einstimmig benannt – den Mann, der durch seine Verleumdungskampagne gegen den vormaligen Reichsfinanzminister Matthias Erzberger den Boden zu dessen Ermordung 1921 wesentlich planiert hatte. Helfferich selbst sah sich mit seiner in Vorschlag gebrachten »Roggenmark« als spiritus rector der Neuordnung. Zu den Vätern der Reform gehörten aber auch Hilferding und natürlich sein Nachfolger als Finanzminister Hans Luther, der die zentralen Vorschläge bündelte: Er legte bei der neuen Währung eine Deckung zugrunde, die keinerlei Wert hatte, nämlich durch »einen vertrauenserweckenden Fond der Produktionsinteressen, die ominöse ›Grundschuld‹ von Industrie und Landwirtschaft«.[252]

Am Anfang stand die lediglich 22 Paragraphen umfassende Verordnung vom 15. Oktober, mit der die Rentenmark eingeführt und die Gründung einer Rentenbank verfügt wurde, deren Kapital und Grundrücklage in Höhe von nicht überschreitbaren 3200 Millionen Rentenmark hälftig von der Landwirtschaft einerseits und von Industrie, Banken, Gewerbe und Handel andererseits aufzubringen war (Paragraph 2). Diese waren gewissermaßen die Eigentümer der Bank und durch Zinsleistungen zu entschädigen.[253]

Die Stabilität der Rentenmark, deren Deckung »rein fiktiv war, weil die Gegenwerte nicht realisiert werden konnten«,[254] hing von ihrer begrenzten Verfügbarkeit ab. Mit der Limitierung der Geldmenge, die zunächst die Wirtschaft in eine Rezession stürzte, hielt der Sparzwang Einzug in die öffentlichen Haushalte. Das Reich, das ein zinsloses Darlehen von 300 Millionen Rentenmark zur Einlösung oder Teileinlösung seiner bei der Reichsbank diskontierten Schatzanweisungen erhielt, bekam für die nächsten zwei Jahre zu sechs Prozent Zinsen üppige Kredite von 1,2 Milliarden Rentenmark – in gleicher Höhe wurden sie der Privatwirtschaft eingeräumt –, durfte sich aber nicht weiter verschulden.

Die Verordnung war der finanzpolitische Befreiungsschlag. Aber die Inflation hörte nicht schlagartig auf, wie mitunter zu lesen ist. Im »Niemandsland zwischen extremer Hyperinflation und Währungsreform«[255] kam es zu einer weiteren dramatischen Kurssteigerung des Dollars. Stand dieser am 24. Oktober auf 63 Milliarden Mark, so erhöhte er sich auf 130 Milliarden am 1. November, um dann zwei Tage später bei 420 Milliarden Mark zu landen.[256] Der wichtige Dollarkurs pendelte sich am Ende bei 4,2 Billionen Mark ein. Da das Verhältnis von Rentenmark und Papiermark auf eins zu einer Billion festgelegt wurde, bekam man für einen Dollar 4,2 Rentenmark, was wieder der Relation zwischen (Gold-)Dollar und (Gold-)Mark von 1914 entsprach. Die festen Wechselkurse zwischen Mark und Rentenmark (und damit auch zum Dollar) sorgten für die »zumindest indirekte Einbindung der Rentenmark« in das internationale Finanzsystem.[257]

Zum 1. November 1923 wurden die neuen Rentenbankscheine gedruckt, mit nun wieder »fassbaren« Werten bis zu 1000 Rentenmark. Zwei Wochen später folgte die Ausgabe, zunächst in geringen Beträgen. Die Deutschen, die zuvor mit vielen Nullen jongliert hatten, mussten sich wieder an kleine Summen gewöhnen. Die Rentenmark war ein »merkwürdiges Zwitterwesen«,[258] sie gelangte neben der Papiermark in Umlauf, ohne jedoch ein gesetzliches Zahlungsmittel zu sein, sodass eine Annahme durch den Handel nicht verpflichtend war. Die Reichsbank wiederum konnte im streng begrenzten Rahmen noch weiter Papiergeld auflegen. Zugleich reduzierte man die Laufzeiten der Notenpresse auf ein vernünftiges Maß, um so eine neue Geldschwemme von vornherein zu unterbinden. Eine konsequente Begrenzung von Krediten war mithin entscheidend verantwortlich für die Stabilität des neuen Geldes.

Das Wunder der von vornherein nur vorübergehend gedachten Rentenmark gelang aber zuvorderst, weil die Bevölkerung relativ schnell Vertrauen in das neue Geld fasste, sicher auch, weil der Wert der neuen Rentenmark dem der alten Goldmark entsprach, also Sicherheit versprach. Das Wundersame stellte sich nach kurzer Zeit für alle sichtbar ein: Es gab wieder etwas zu kaufen; die Schaufenster füllten sich. Auch wenn jetzt wieder Nahrungsmittel zu einigermaßen erschwinglichen Preisen auf dem Markt zu haben waren, Fleisch, Gemüse und Butter in ausreichendem Maße feilgeboten wurden, so verwandelte sich das Reich nicht über Nacht von einem Siechenhaus in ein Schlaraffenland. Es dauerte, bis wieder ein einigermaßen »normaler« Zustand erreicht war.

Gerade die »Zeit zwischen den Währungen« entwickelte sich zu einer Höllenfahrt, die auch die Kommunen und Länder traf. Die Inflation hatte für eine Entsolidarisierung unter den Gemeinden und unter den Gliedstaaten im Kampf um Subventionen und Kredite seitens des Reiches gesorgt. Für die Städte sollte es sich am Ende als ein Segen erweisen, dass die Reichsregierung mit der Einführung der Rentenmark die währungspolitische Reißleine zog. Man glaubte erstmals wieder »festen Boden unter den Füßen«.[259] Aber nicht sofort, wie das Beispiel Kassel illustriert: Am 13. November meldete die Stadt, dass sie unmöglich, »morgen und die nächsten Tage« ihre finanziellen Verpflichtungen erfüllen könne. Vier Tage später hatte sich die Finanznot der Stadt ins Unerträgliche gesteigert, sodass man einen Kredit von 25,4 Billiarden Mark forderte, von dem dann ein Fünftel zwar bewilligt wurde, aber wegen des Währungsschnitts nicht mehr zur Auszahlung kam.[260] Auch wenn mit dem geldpolitischen Neubeginn schwaches Licht am Ende des Finanztunnels flackerte, manche Stadt weitgehend schuldenfrei aus der Inflationszeit herausgekommen war und nach der Währungsstabilisierung 1924 wieder einen Überschuss erwirtschaftete, blieb die Lage vor Ort gespannt.

Die eigentliche Währungsreform fand ihren Abschluss mit dem am 30. August 1924 vom Reichstag verabschiedeten Reichsbankgesetz, das mit der Inkraftsetzung sechs Wochen später – zum 11. Oktober – eine von der Reichsregierung unabhängige neue Reichsbank begründete. Diese regelte den Geldumlauf der neuen Währung, die im ebenfalls am 30. August verabschiedeten und mit gleicher Verzögerung in Kraft gesetzten Münzgesetz festgelegt wurde: Es war die »Reichsmark« (RM).[261] Zudem war die Bank verantwortlich für den bis Juli 1925 abzuschließenden Einzug der anderen Zahlungsmittel (Rentenmark, Papiermark) zum festgelegten Verhältnis, eine Billion Mark entsprachen dabei einer Reichsmark.

Nachdem die Währungsreform angelaufen war, musste der Umgang mit den Schulden gelöst werden. Es ging dabei um die sogenannte Aufwertung, die rückwirkende Wiederherstellung der verlorenen Summe – anders gefasst: Was sollte der Einzelne von dem mittlerweile ins Nichts (oder fast ins Nichts) aufgelösten Guthaben oder Anleihen erhalten, der Gläubiger von seinem Kredit zahlen? Das Reichsgericht hatte sich am 28. November 1923 mit dem Urteil eingemischt, dass eine mit der völlig wertlosen Papiermark beglichene Zahlungsverpflichtung eben keine Tilgung der Schuld bedeutete. Der höchst ungerechte Grundsatz »Mark gleich Mark« war damit ausgehebelt. Die Regierung hatte nun die Bemessung der Altschulden zu regeln. Das geschah zunächst durch die dritte Steuernotverordnung, die Ansprüche aus Vermögensanlagen auf »fünfzehn von Hundert des Goldmarkbetrags« aufwertete. Dann folgte im Juli 1925 das sogenannte Aufwertungsgesetz, das durch eine Differenzierung der Schuldverhältnisse nach Art und Zeit unterschiedliche Aufwertungen festlegte. Spareinlagen wurden gestaffelt nach Größe und Dauer umgerechnet. Hypotheken und Pfandbriefe erfuhren einen Wechsel um ein Viertel der ursprünglichen Summe: Aus »1000 Mark Hypothekenschulden vor dem 1. Januar 1914 wurden so [...] Verbindlichkeiten in Höhe von 250 RM«.[262] Vor allem auch bei den auf eine höhere Marge als 25 Prozent für Hypotheken spekulierenden Gläubigern sorgte das für nachhaltige Enttäuschungen. Das Ganze war eben ein klassischer Kompromiss, der »alle Seite unzufrieden zurückließ«.[263] Gleichzeitig entledigte sich das Reich mit dem Anleiheablösungsgesetz »des größten Teils seiner aus Kriegsanleihen resultierenden Schulden«. Übrig blieb eine Staatsschuld von 1,75 Millionen Reichsmark von vormals 70 Milliarden Mark.[264]

Für Unzufriedenheit sorgte auch der mit der Währungsumstellung einhergehende finanz- und sozialpolitische Sparkurs. Es war einfache haushalterische Arithmetik: neben der Erhöhung der Einnahmen durch Verminderung der Ausgaben zu einem ausgeglichenen Haushalt zu kommen. Bei der Reduktion der Ausgabenseite ging es vornehmlich um ein drastisches Herunterfahren der Personalausgaben, denen eine zentrale Rolle bei der Sanierung der Reichsfinanzen zukam. Dabei setzte die öffentliche Hand auch auf eine Verwaltungsverschlankung durch organisatorische Umgestaltung, auf massive Gehaltskürzungen und in allererster Linie auf den Abbau von Personal. Die entsprechende Verordnung vom 27. Oktober 1923[265] führte zu einer einschneidenden Verringerung der zuvor noch kräftig aufgeblähten Zahl der Staatsbediensteten: Jeder sechste der Beamten, fast die Hälfte aller Angestellten und etwa ein Drittel der Arbeiter wurden aus dem Reichsdienst entlassen, alles in allem fast ein Viertel. Es war also nicht – oder besser: nicht nur – ein »Kahlschlag bei den Beamten«.[266] Aber dieser sollte sich als besonders folgenreich herausstellen, traf es doch einen für das Funktionieren staatlicher Ordnung zentralen Personenkreis, für den die Arbeitsplatzgarantie etwas Grundlegendes darstellte. Bei der weitgehend aus dem Kaiserreich übernommenen Beamtenschaft, die sich mit einem republikanischen Bekenntnis schwertat, drohte eine dauerhafte Entfremdung von der Republik bzw. eine Verhinderung ihrer Annäherung an die neue Staatsordnung.[267]

Die in der Personalabbauverordnung festgelegten Quoten, die einer Massenentlassung gleichkamen, wurden bei der Reichsverwaltung einschließlich Post und Eisenbahn vorzeitig erreicht. Bis zum 31. März 1924 schieden auch über Versetzung und Pensionierung fast 400 000 Beschäftigte aus dem Reichsdienst aus.[268] Betroffen waren vor allem weibliche Staatsbedienstete und nicht nur die verheirateten (denen man innerhalb eines Monats kündigen konnte), sondern »diesmal auch explizit die alleinstehenden Frauen, die in ihren Familien lebten oder nur eine oder zwei Personen zu versorgen hatten«.[269] Zudem wurde die wöchentliche Arbeitszeit im öffentlichen Dienst von 48 auf 54 Stunden erhöht; dabei rangierte das Reallohnniveau unter jenem vor dem Krieg.

Personal bauten auch die Länder ab – etwa Baden zwischen 15 und 17 Prozent – sowie die Kommunen, deren Personalbestand während des Krieges infolge der zahlreichen ihnen zugewiesenen Aufgaben aufgestockt worden war. Mit der Aufhebung kriegsbedingter Maßnahmen und Ämter war die Belegschaft zwar bereits reduziert worden, doch zwang der rigorose Sparkurs zu weiteren Entlassungen nach Maßgabe landesrechtlicher Vorschriften wie der preußischen Personalabbauverordnung vom 8. Februar 1924. Sie verpflichtete die Kommunen, von dem am 1. Oktober 1923 festgestellten Personalstand mindestens 25 Prozent einzusparen, allein 15 Prozent bis zum 1. April 1924.[270] Das stellte für die Stadtverwaltungen einen schwer verkraftbaren personellen Aderlass dar – und für die überwiegende Mehrheit der Betroffenen bedeutete dies den Gang ins Ungewisse.

Die Regierung wusste um die sozialen Folgen. Als am 26. Februar 1924 der Reichstag mit den Verhandlungen über den Notetat für 1924 begann, der erstmalig wieder in Goldmark rechnete und bei dem die Ausgaben erstmals wieder durch Steuereinnahmen gedeckt waren, verwies Marx in seiner Grundsatzrede darauf, dass die Ziele der im Rahmen des Ermächtigungsgesetzes erlassenen Verordnungen weitgehend erreicht seien. Dabei führte er die Stabilisierung der Währung, die Ausbalancierung des Haushaltes und die Ankurbelung der Wirtschaft an. Er verschwieg nicht, dass dies alles allerdings nur durch Einschnitte möglich gewesen sei: über einen umfassenden Personalabbau, niedrige nach dem Goldwert berechnete Gehälter der Beamten sowie über eine Kürzung von sozialen Leistungen wie der Erwerbslosenunterstützung.[271] Die Folgen von Inflation und Währungsreform sowie ihre sozialpolitischen Konsequenzen lasteten auf der Republik – über den Tag hinaus.

Auf dem Pfad der Konsolidierung – Bahn frei für die »Goldenen Zwanziger«?

In einem ruhigeren Fahrwasser sollte sich die Republik 1924 bewegen. Auf Vorschlag von Seeckt hob Ebert am 28. Februar den militärischen Ausnahmezustand auf.[272] Die Zeit war reif für eine Rückkehr zur parlamentarisch-demokratischen Normalität. Das Institut des Ausnahmezustandes hatte sich als wirksames Mittel in der Staatskrise bewährt und zur Wiederherstellung des verfassungsmäßigen Normalzustandes geführt, vor allem auch dank des konsequent agierenden Reichspräsidenten.

Auch quer durch das Land kehrte Ruhe ein. Der Konflikt zwischen Bayern und Reich wurde beigelegt. Ministerpräsident Knilling nahm die Inpflichtnahme der 7. Division zurück; Lossow reichte seinen Rücktritt ein; Kahr gab auf.[273] Der Streit um die Modalitäten der Abberufung des Landeskommandanten durch den Reichspräsidenten wurde durch die »Homburger Vereinbarung« beigelegt.[274] Dabei sagte Berlin zu, sich künftig vor der Abberufung mit der Landesregierung ins Benehmen zu setzen und deren Wünschen möglichst Rechnung zu tragen. Die bayerische Forderung, sie nur mit direkter Zustimmung der Landesregierung zu vollziehen, lehnte Ebert ab.

Für den Reichspräsidenten persönlich hatte das Ende des sozialistischen Frühlings in Mitteldeutschland noch Folgen im Verhältnis zur eigenen Partei. Es erhoben sich mit Blick auf seine Einwilligung zur Reichsexekution gegen Sachsen Vorwürfe, die bis hin zum Verfassungsbruch reichten. Für den nächsten SPD-Parteitag im Juni 1924 lagen Anträge von regionalen Parteiorganisationen vor, ihn aus der Partei auszuschließen. Doch der Vorstand formierte einen Schutzkordon um den ehemaligen Vorsitzenden und ließ die Anträge gar nicht erst zu. Für Ebert schien die Politik der SPD in Sachsen und

Die Republik im ruhigeren Fahrwasser: Erinnerungsfeier am 3. August 1924 zum zehnten Jahrestag des Kriegsausbruchs u. a. mit Reichspräsident Friedrich Ebert (4. v. r.) und drei Reichskanzlern, mit dem amtierenden Wilhelm Marx (2. v. r.), dessen Vorgänger Gustav Stresemann (6. v. r.) und Nachfolger ab Januar 1925, dem parteilosen amtierenden Finanzminister Hans Luther (5. v. r.), die ein jeder für sich Anteil an der Überwindung der existentiellen Krise im Vorjahr besitzen.

Thüringen, mit der KPD zu koalieren, lediglich dazu angetan, so schrieb er am Heiligabend 1923, dass man dort – »auch ohne das Eingreifen des Reiches« – »letzten Endes allen entscheidenden politischen Einfluss verspielen« werde.[275]

Das klang prophetisch und sollte sich bewahrheiten – unmittelbar für Thüringen, langfristig für Sachsen. Die episodenhafte sozialistisch-kommunistische Morgenröte besaß dort unterschiedliche Nachwirkungen. In Thüringen bildete sich nach den Landtagswahlen vom Februar 1924 ein bürgerliches »Beamtenkabinett« des rechtskonservativen Thüringer Ordnungsbundes. Die SPD wurde dauerhaft in die Opposition verbannt. Zu einem sozialdemokratischen Regierungsverlust kam es in Sachsen vorerst nicht, denn die am 14. Dezember 1923 zurückgetretene Interimsregierung Fellisch wurde im Januar 1924 von einer Koalition aus SPD und den beiden liberalen Parteien unter dem zum rechten Flügel zählenden Sozialdemokraten Max Heldt abgelöst. Die SPD stand vor einer Zerreißprobe, denn das Bündnis mit den Bürgerlichen wurde von weiten Teilen der Partei nicht gutgeheißen, die auf Koalitionsgespräche mit den Kommunisten drängten. 1926 kam es zur Spaltung der Landtagsfraktion und zur Gründung einer neuen Partei, der rechts von der weiter bestehenden Rumpf-SPD angesiedelten »Alten Sozialdemokratischen Partei Sachsens«, angeführt von Heldt, der sich als Ministerpräsident noch halten konnte. Er holte 1927 die DNVP in die Regierung – ein einmaliger Fall in der sozialdemokratischen Koalitionsgeschichte der Weimarer Republik. 1929 nahm dann auch die sächsische SPD auf den Oppositionsbänken Platz. Da saßen die Sozialdemokraten im Reichstag nach ihrem Regierungsaustritt 1923 für viereinhalb Jahre, bis zur Bildung der nächsten Großen Koalition unter ihrem Parteivorsitzenden Hermann Müller im Juni 1928.

Während nun das Reich im Frühjahr 1924 verhalten optimistisch nach vorn blicken konnte, mussten die Gewerkschaften ein negatives Resümee ziehen. Sie traten empfindlich geschwächt ins neue Jahr. Die Inflation hatte ihre Rücklagen aufgefressen, die schon schrumpfenden Mitgliedsbeiträge wurden letztlich wertlos. Die Freien Gewerkschaften, die sich zu den festen Pfeilern der Republik zählten, fühlten sich als »Trümmerhaufen«.[276] Wegen der dramatischen finanziellen Lage und aufgrund der hohen Anzahl von Arbeitslosen und Kurzarbeitern waren sie nahezu kampfunfähig. Zudem hatte man in der Vorzeit erstrittene sozialpolitische Errungenschaften opfern müssen.[277] Sie sahen sich einer immer mehr konfliktiv agierenden Unternehmerschaft gegenüber, die sich, von wenigen

Ausnahmen abgesehen, vom Achtstundentag als Norm verabschiedete. Die Freien Gewerkschaften traten dann im Januar 1924 aus der 1918 begründeten Zentralarbeitsgemeinschaft von Arbeitgebern und Arbeitnehmern aus, die schon lange keine »Gemeinschaft« mehr darstellte. In einigen Bereichen wie der Bauwirtschaft und der Chemieindustrie funktionierten jedoch auch nach 1923/24 jene in der Revolutionszeit begründeten Kooperationsmodelle.

In der Unternehmerschaft festigte sich das latente Misstrauen gegenüber der Republik. Viele trachteten danach, sie zu überwinden, wie das der Verein Deutscher Eisen- und Stahl-Industrieller intern auf einer Hauptvorstandssitzung Anfang Oktober 1923 unverblümt formulierte: »Der Parlamentarismus hat versagt. Über die jetzige Not helfen uns nur willensstarke und bewusste Männer hinweg, die vom Vertrauen des Volkes getragen werden.«[278] Mit der über eine Notverordnung eingeführten staatlichen Zwangsschlichtung griff die Regierung tief in die Tarifautonomie ein. Neben Kapital und Arbeit war jetzt der Staat als dritte Kraft auf die Bühne der Tarifauseinandersetzungen getreten. Er hatte das letzte Wort immer dann, wenn Arbeitgeber und Arbeiternehmer sich nicht einigten. Der Schiedsspruch war verbindlich, »wenn die in ihm getroffene Regelung bei gerechter Abwägung der Interessen beider Teile der Billigkeit entspricht und ihre Durchführung aus wirtschaftlichen und sozialen Gründen erforderlich ist«.[279]

Was als Notlösung gedacht war, erwies sich als häufig angewandte Intervention der problematischen Art. In den acht Jahren bis 1932 kam es zu rund 76 000 Schlichtungsverfahren; 1928 galten verbindliche staatliche Schiedssprüche für nahezu die Hälfte der von Tarifverträgen betroffenen Arbeiter, bei denen die durch Zwangsschlichtung durchgesetzten Reallohnkürzungen und Arbeitszeitverlängerungen Verbitterung auslösten. Als Konsequenz daraus kamen bereits Mitte 1924 mehr als die Hälfte der Arbeiter wieder auf mehr als 48 Stunden (in der Sechs-Tage-Woche), im Jahresschnitt auf 50,4 Stunden pro Woche. Im Zuge der Stabilisierung kehrte sich der Trend vorübergehend um: 1928 galt für mehr als 70 Prozent der Vollbeschäftigten wieder der Achtstundentag.

In den nun deutlich schärfer werdenden Lohnkämpfen mussten sich die geschwächten Gewerkschaften mit einem Unternehmertum messen, das die Hyperinflation und deren Folgen für eine Rückkehr zu den Vorkriegsverhältnissen nutzen wollte und rigoros zum Mittel der Aussperrung griff: 1922 lag das Verhältnis der durch Streiks verlorenen Arbeitstage zu denen durch Aussperrung der Arbeitgeber verlorenen noch bei 5,3 zu 1; für 1924 errechnete man eine Relation von 1 zu 1,7 zugunsten der infolge einer Aussperrung eingebüßten Tage. 1924 war, gemessen an der Zahl der verlorenen Arbeitstage, nach 1919 das lohnpolitische Kampfjahr, als mit der neuen Währung neue Tarifabschlüsse vonnöten waren. Es dauerte letztlich bis 1928/29, bis die Reallöhne in etwa das Niveau der Vorkriegszeit (1913) erreichten, mitunter diese sogar überstiegen. In den industriellen Beziehungen bedeutete das Jahr 1923 also eine Zäsur.

Die Demokratie überstand das Krisenjahr mit schweren Blessuren. Nur langsam heilten die Wunden, manche aber vernarbten nie. Als der Reichstag am 20. Februar 1924 erstmals zusammentrat, war das Ermächtigungsgesetz bereits abgelaufen. Es stand nicht zu erwarten, dass es vom Parlament verlängert werden würde. Denn es lagen Anträge auf Abänderung bzw. Aufhebung einiger auf der Basis des Ermächtigungsgesetzes ergangenen Verordnungen vor. In dieser festgefahrenen Situation – auf der einen Seite eine hartnäckige Opposition, die auf eine parlamentarische Behandlung ihrer Vorhaben pochte, auf der anderen Seite eine Minderheitsregierung, die ihr Sanierungskonzept fortsetzen und »sich auf keinen Fall« vom Reichstag »über den Haufen rennen lassen« wollte –[280] blieb nur der glatte Schnitt: die Auflösung des Reichstags. Am 13. März war es dann soweit. Marx erklärte, ehe es zur Abstimmung über die Aufhebungsbegehren kam, dass die Regierung jede parlamentarische Einzelberatung ablehne. Er verlas daraufhin die Auflösungsverordnung des Reichspräsidenten.[281]

Dies war Resultat der Erkenntnis, dass ein vernünftiges Weiterregieren nicht mehr möglich war. Ohnehin wäre die im Juni 1920 begonnene Legislaturperiode in drei Monaten abgelaufen. Die Auflösung zu diesem Zeitpunkt war politisch sinnvoll und geschah mit Billigung der öffentlichen Meinung und auch mit stillschweigendem Einverständnis der Mehrheit im Reichstag. Die nächsten Wahlen fanden am 4. Mai statt. Sie bescherten dem Regierungslager wie auch der immer noch stärksten Partei, der SPD, Verluste; es erfolgte aus einer Protesthaltung heraus eine Fluktuation hin zu den radikalen Parteien. Rund ein Viertel der Wählerschaft stimmte für die antirepublikanische Rechte. Doch von einer dauerhaften Radikalisierung zu schreiben, scheint überzeichnet, denn bereits bei den Neuwahlen im Dezember 1924 schwächte sich die Tendenz ab. Die tiefe Verbitterung hatte sich gelegt. Die KPD verlor mehr als ein Viertel ihrer 3,7 Millionen Wähler (Mai: 12,6 Prozent, Dezember: 8,9 Prozent) und die gemeinsam antretenden Deutschvölkischen und Nationalsozialisten mehr als die Hälfte ihrer 1,9 Millionen Wähler (Mai: 6,6 Prozent, Dezember: 3,0 Prozent). In den Ländern zeigten die nächsten Wahlen in dieser Richtung keine großen Auffälligkeiten, bis auf Bayern, wo die andernorts verbotene NSDAP bei den Landtagswahlen im April 1924 17 Prozent erhielt (in München gar 35 Prozent), um dann 1928 auf weniger als 6 Prozent abzustürzen.

Mit der Aufhebung des militärischen Ausnahmezustandes und der Auflösung des Reichstags war das Krisenjahr 1923 innenpolitisch weitgehend abgeschlossen. Außenpolitisch kam Bewegung in die Reparationsfrage. Bereits im Oktober 1923 hatte die Regierung, positive Signale aus dem angloamerikanischen Raum aufgreifend, bei der Reparationskommission eine Untersuchung der wirtschaftlichen Leistungsfähigkeit beantragt.[282] Dem konnte sich Frankreich, das seine Ziele nicht erreicht und durch die Ruhrbesetzung den internationalen Rückhalt eingebüßt hatte, nicht länger entziehen. So befürwortete Poincaré die Einsetzung einer internationalen Expertenkommission zur Prüfung der deutschen Zahlungsfähigkeit.

Im April 1924 legte die vom Amerikaner Charles G. Dawes geleitete alliierte Kommission einen Plan vor, der den Weg aus dem reparationspolitischen Dilemma wies. Dawes setzte keine endgültige Summe der Wiedergutmachungszahlungen fest, sondern regelte lediglich Höhe und Zusammensetzung der Annuitäten, die sich wenigstens für die ersten Jahre im Rahmen der volkswirtschaftlichen Möglichkeiten Deutschlands bewegten. Der Plan wurde auf der Konferenz von London (16. Juli bis 16. August) von allen beteiligten Regierungen gutgeheißen. Der Reichstag nahm dann am 29. August die entsprechenden Gesetze an, darunter auch das verfassungsändernde Reichsbahngesetz, über das Vertreter der Gläubigerstaaten zur Garantie der Zahlungen in den Aufsichtsrat des profitablen Unternehmens gelangten. Für das auch von der SPD unterstützte Gesetz stimmte etwa die Hälfte der Abgeordneten der oppositionellen DNVP, die somit erst die notwendige Zweidrittelmehrheit sicherten. Hinfällig wurden mit dem Dawes-Plan die nach dem Abbruch des passiven Widerstandes von Ruhrgebietsunternehmen im November 1923 mit der MICUM (Mission Interalliée des Contrôle des Usines et des Mines), der alliierten Kommission zur Kontrolle von Schwerindustrie und Unternehmern, abgeschlossenen Abkommen, in denen sie die Rückgabe beschlagnahmter Güter und die Wiederaufnahme der Produktion mit einer Einmalzahlung sowie künftigen auf das Reparationskonto anrechenbaren Lieferungen etwa von Kohle und Koks erkauften, und zwar von einem bestimmten Anteil der Förderung. Nach Inkraftsetzung des Dawes-Plans flossen die für eine Gesundung der Wirtschaft benötigten ausländische Kredite, in erster Linie aus den USA, die nun die Privatwirtschaft mit Kapital versorgten. Deutschland kam seinen Reparationen nach, sodass die Franzosen das Ruhrgebiet bis zum Sommer 1925 verließen.

Am Anfang der Konsolidierungsphase stand im Frühjahr 1924 eine auch durch die rigide Kreditbeschränkung der Reichsbank beförderte »Stabilisierungskrise«. Die Zeit der relativen Stabilität begann, die als die eigentlichen »Goldenen Zwanziger« idealisiert werden sollte. Denn so golden war die Phase keineswegs; für viele setzte sich der Kampf um das Dasein fort. Nur wenige erlebten und verlebten »goldene Zeiten«. Die Republik musste ab 1929 durch das Fegefeuer Weltwirtschaftskrise gehen, was sie nicht überstehen sollte. 1933 endete das kurze Leben der ersten deutschen Demokratie, die 1923 ihre große existentielle Krise noch hatte bewältigen können. Aber 1923 wirkte noch nach – lange nach.

Epilog

1923 – Menetekel, Blaupause, Trauma

Im September 1928 feierte der zweieinhalbminütige Kurzfilm *Inflation* des Dadaisten Hans Richter Premiere. In einer textlosen Mischung aus Formen, Symbolen und Effekten mit dem Dollarzeichen als Leitmotiv memorierte der Maler und Grafiker in kurzer Bildfolge die zentrale Erinnerung an die Zeit der dramatischen Geldentwertung fünf Jahre zuvor: Umschwirrt von Unmengen an Papiergeld mit immer mehr »Nullen« mutiert ein großbürgerlicher Zeitungsleser zu einem Bettler.[283] Dieser soziale Abstieg war eines der zentralen Bilder der Inflation, die sich in den Köpfen vieler Deutscher festsetzten.

Der Begriff der Inflation wurde zur Metapher: »Im deutschen Sprachgebrauch ist sie Feuer, eine Krankheit, ein Feind, ein Tier, eine Flut, eine Maschine und vieles mehr.«[284] Nichts hat sich, wie nahezu übereinstimmend konstatiert wird, »so traumatisierend in das kollektive Gedächtnis der Deutschen eingebrannt wie die große Geldentwertung des Jahres 1923«. So heißt es in der Begleitpublikation der Ausstellung »Trauma 23« im Haus der Weimarer Republik zu Weimar, wo wie auch andernorts gleich das ganze Jahr unter dem Begriff »Trauma« zusammengefasst worden ist –[285] Trauma immer verstanden als die aus einer Erschütterung des »Normalen« resultierende starke mentale und psychische Belastung von Dauer.

1923 wurde zu einem Trauma, handelte es sich doch um ein Jahr, wo – um hier Titel der Jubiläumsliteratur aufzugreifen – scheinbar alles »außer Kontrolle« geriet und das Land »am Abgrund« stand. Die dabei das demokratische System herausfordernden Ereignisse wie Separatismus, kommunistischer Umsturzversuch, Buchrucker- und Hitler-Putsch, bayerischer Ungehorsam und sächsische Aufmüpfigkeit wären – für sich allein genommen und zeitversetzt erfolgend – in einer intakten und ökonomisch stabilen Demokratie zwar als bedrohlich, aber kaum existentiell staatsgefährdend wahrgenommen worden. In ihrer Gleichzeitigkeit entwickelten sie sich zu einer ernsthaften substantiellen Gefahr für die Republik vor allem vor dem Hintergrund der Hyperinflation, die sich mit ihrer Wucht und Nachhaltigkeit in das Gedächtnis der Zeitgenossen einfräste. Das galt nicht für die anderen Entwicklungen mit großer Wirkmächtigkeit. So besaß die Ruhrbesetzung als Katalysator der Hyperinflation im Erinnerungshaushalt der Deutschen, auch in den betroffenen Gebieten, nur einen begrenzten Haltbarkeitswert.[286] Auch der Reichswehreinmarsch in das »wehrlose Sachsen« mit anschließender Reichsexekution blieb nur einigen Zeitzeugen als ein traumatisches Erlebnis haften.[287]

Gerade die Reichsexekution gegen Sachsen gilt als Urknall für die Aushebelung der Demokratie und als Modell, das den Republikgegnern später den Weg gewiesen habe. Bereits in der unmittelbaren öffentlichen Diskussion wurde die Frage des Präzedenzfalles aufgeworfen: »Was heute gegen Sachsen geschieht, kann morgen gegenüber jedem anderen Lande vorgenommen werden. Man stelle sich einmal vor, welche Folgen es haben müsste, wenn morgen eine deutschnationale Regierung im Reich glaubte, die preußische Regierung absetzen zu müssen.«[288] Preußen sollte es im Juli 1932 erleben, als die Reichsregierung unter Reichskanzler Franz von Papen die nur noch geschäftsführende Landesregierung von Otto Braun (SPD) mittels Reichsexekution (»Preußenschlag«) aus den Angeln hob. Haben nun Ebert und Stresemann mit Sachsen nur ihren Nachfolgern Hindenburg und Papen die Blaupause für Preußen geliefert? Sicher – es gab eine formalrechtliche Gleichartigkeit beider Aktionen. Hinsichtlich der Intentionen von Reichsregierung und Reichspräsident lag jedoch ein gewaltiger Unterschied vor: In Sachsen 1923 setzte man eine Regierung ab, an der eine antidemokratische Partei beteiligt war, die offen der Republik den Kampf angesagt hatte.

1932 wurde in Preußen eine von durch und durch demokratischen Kräften getragene Regierung ausgeschaltet und so die letzte große republikanische Bastion geschleift. 1923 ging es Regierung und Reichspräsident um das Überleben der Republik, 1932 ihren Nachfolgern um deren Zertrümmerung. 1924 jedenfalls war die Krise überwunden, 1933 die Demokratie zerstört.

Ebenso wenig war – wie mitunter festgestellt worden ist – die Regierung Cuno das erste Präsidialkabinett Weimars, das so die Schablone für die tatsächlichen Präsidialkabinette ab 1930 abgegeben habe. Zwar war der Hapag-Direktor in erster Linie durch den Reichspräsidenten ins Amt gehievt worden, aber seine Beauftragung erfolgte keineswegs gegen den Willen der Mehrzahl der Parteien. Zudem – und dies war das Entscheidende – erreichte die Regierung nie den Punkt, an dem sie, allein gestützt auf den Reichspräsidenten, den Reichstag unter Androhung präsidialer Ausnahmegewalt gefügig machen wollte. Das tat dann Reichskanzler Heinrich Brüning. Er kombinierte die Verfassungsmöglichkeiten im Juli 1930 bei der ersten Kraftprobe mit dem Reichstag, als dieser einen Teil des von der Regierung eingebrachten Gesetzes zur Deckungsvorlage zurückwies und das Kabinett daraufhin kurzerhand eine entsprechende Notverordnung erließ. Das war ein Novum: Ein vom Parlament abgelehntes Gesetz wurde über Artikel 48 realisiert. Als der Reichstag dann auch noch von seinem Verfassungsrecht Gebrauch machte und die Aufhebung der Notverordnung forderte, holte Brüning die Auflösungsorder Hindenburgs hervor. Das Vorgehen von Reichskanzler und Reichspräsident war eine bedenkliche Verbiegung der Verfassung, in dem sie einen nicht gefügigen Reichstag ausschalteten. Auch wenn zuvor Reichstage aufgelöst worden waren – wie am Ende der Krisenzeit 1923/24 –, so stellte der Akt vom Juli 1930 eine Premiere dar, weil er gewissermaßen eine Strafaktion für Ungehorsam war. Brüning setzte in der anschließenden parlamentslosen Zeit das vom Reichstag abgelehnte Sanierungspaket in verschärfter Fassung über eine neue Notverordnung in Kraft.

Doch auch das Krisenmanagement von 1923 mit der Ausdehnung von Artikel 48 auf ökonomische Regelungen stellte kein Muster für spätere Politik dar, wenn sie auch für eine vorübergehende Verlagerung der Politik auf den Reichspräsidenten sorgte. Doch Anträge, die Verordnungen zur finanziellen Stabilisierung aufzuheben, stellte der Reichstag nicht. Also verband sich hinter den Notverordnungen keine Gefahr für die Demokratie, im Gegenteil: Ihr Einsatz war ein Element für deren Stabilisierung. Gleiche demokratiesichernde Intentionen lagen den vorübergehenden Ermächtigungsgesetzen zu Grunde, dem Notgesetz der Regierung Cuno und beiden Ermächtigungen für die Regierungen Stresemann und Marx.

1923 kann demnach nicht als Blaupause für die Endphase von Weimar gelten, nur in nackter rechtlicher Hinsicht, nicht in der politischen Zielführung. Demokratie und Rechtsstaat überwanden das Krisenjahr, wenn auch mit einem lädierten Ansehen. Die schwer erschütterte Republik stellte eine erstaunliche Flexibilität und hohe Überlebensfähigkeit unter Beweis, in erster Linie dank der verteidigungswilligen Republikaner in den Schaltzentralen der Macht.

Auch wenn die Katastrophe abgewendet wurde, so hatte die junge Demokratie noch lange an den Folgen des Krisenjahres zu leiden. Die Werteordnung des von der Inflation stark betroffenen bürgerlich-liberalen Milieus war erheblich durcheinandergewirbelt worden; Existenzängste machten sich breit: »Geldbesitz war keine Garantie mehr für soziale Sicherheit.«[289] Die bürgerliche Mitte taumelte in eine Identitätskrise; große Teile wanderten zu den Protestparteien ab. Besonders die Beamtenschaft trug schwer an den Folgen der Währungskrise. In den Amtstuben hatte der alte wilhelminische Geist den Systembruch 1918 überdauert. Die in vorrepublikanischer Zeit geformten Berufsbeamten, denen durch die Wahrnehmung staatlicher Aufgaben eine besondere Rolle im Räderwerk staatlichen Handels zukam, identifizierten sich nur zu einem Teil mit der neuen Staatsordnung. Ihre Heranführung an die Republik wurde torpediert durch den Verlust wohlerworbener Rechte und der

Erfahrung der Massenentlassungen, die zu einer weiteren Entfremdung vieler Staatsdiener von der Demokratie führte.[290]

Hyperinflation und Währungsstabilisierung wurden zeitgenössisch auch als »das Golgatha der Arbeiterklasse« gesehen, wie der Jahresbericht der Gewerkschaften Münchens resümierte.[291] Arbeiterklasse und Arbeiterbewegung überdauerten das Jahr, die SPD als ihre dominierende politische Interessenvertretung überwand, im Gegensatz zu den arg gebeutelten Gewerkschaften, ihr Tief, als sie bei den Wahlen im Mai 1924 auf nur 20,5 Prozent kam, und stand mit 26 Prozent in den Dezemberwahlen wieder gefestigt da. Der eigentliche Marsch Entwurzelter und Unzufriedener in das republikfeindliche Lager erfolgte erst ab 1930 im Zuge der Großen Depression, deren Auswirkungen an der Wahlurne viel tiefgreifender und nachhaltiger waren als jene sechs Jahre zuvor.

Die Verantwortlichen in der Weltwirtschaftskrise, die, mit 1923 als Negativfolie vor Augen, alles daransetzten, um eine erneute Inflation zu vermeiden, trugen ihr Scherflein dazu bei. Das Trauma von 1923 schränkte ihre Handlungsoptionen ein. Der Verweis auf die Hyperinflation eignete sich bestens zur Unterfütterung der strikten Weigerung, über eine Ausweitung der Geldmenge den Folgen der vom Schwarzen Freitag im Oktober 1929 ausgelösten Krise Herr zu werden. In der »Hypersparsamkeit«[292] sahen die von Reichskanzler Brüning angeführten Währungshüter, getrieben von der aus 1923 gefilterten Ansicht eines engen Zusammenhangs von Staatsschulden und Hyperinflation, die einzig sinnmachende Reaktion. Die rigorose Sparpolitik mit ihren sozial und politisch verheerenden Folgen wie dem Massenelend öffnete letztlich den Antidemokraten Tür und Tor und brachte das politische System zum Kollabieren. Insofern war 1923 ein Menetekel. Die Hyperinflation trug auf dieser indirekten Weise zum Aufstieg des Nationalsozialismus bei.

Der Dichter Stefan Zweig formulierte in seinen Erinnerungen von 1942 einen direkteren Zusammenhang: »Nichts hat das deutsche Volk – dies muss immer wieder ins Gedächtnis gerufen werden –

so erbittert, so hasswütig, so hitlerreif gemacht wie die Inflation.«[293] Doch nicht die Geldentwertung im fünften Jahr der Republik hatte die Bevölkerung »hitlerreif« gemacht, auch wenn der NS-Führer die Inflation instrumentalisierte, indem er auf Plakaten zur Reichspräsidentenwahl 1932 neben »Chaos« und »Bürgerkrieg« »Inflation« zum Teil der Trias machte, mit der er die verhasste Republik verunglimpfte.[294] Der NS-Siegeszug war zuvorderst Resultat der großen Depression, die eine massive Wanderung zur zwischenzeitlich in der Versenkung verschwundenen NSDAP auslöste. Auch wenn der bei seinem Novemberputsch »Behumste«[295] letztlich die Macht erlangte und damit die zehn Jahre zuvor diskutierten Planspiele von einem starken Mann oder einer Diktatur realisierte, so war 1923 nicht das Schlüsseljahr für 1933; es gab keine direkten Stränge, die vom ersten Krisenjahr in die Endphase der Republik führten.[296]

Eben weil die erste Demokratie schon nach 14 Jahren so kläglich scheiterte, landete man in der Suche nach Erklärungen für den Untergang rasch bei der Inflation 1923, deren tiefe psychologische Spuren in dem Roman *Wolf unter Wölfen* von Hans Fallada aus dem Jahr 1937 Verbreitung fanden, der so zur Verstetigung des Traumas beitrug.[297] Schon die Weimarer Zeitgenossen empfanden im Rückblick die Hyperinflation zumeist als prägender und nachhaltiger als den Ersten Weltkrieg und die Große Depression.[298] Die Erinnerung lebte wieder auf, als nach dem Zweiten Weltkrieg die Deutschen vor einer ähnlichen Situation standen, deren Ausgangslage mit der totalen Niederlage am Ende eine totalen Krieges zweifellos dramatischer war. Die Zeit der »verdeckten« Inflation, die durch vielfältige Maßnahmen nicht so sichtbar wurde, basierte auf dem gleichen Grundübel wie 1923, einer aus der Kriegsfinanzierung resultierenden immensen Erhöhung der Staatsschulden einhergehend mit der Aufblähung der Geldmenge. Die Währungsreform vom Juni 1948 enteignete wie 25 Jahre zuvor Sparer und Besitzer von Geldvermögen.

So bleibt Inflation für die Deutschen ein sinnstiftendes Wort für die Krise an sich: »Wahrscheinlich gibt es keine andere post-

1923 kann die Republik noch ihren Hals aus der Schlinge ziehen. Die 1929 einsetzende Weltwirtschaftskrise aber stellt die Weichen in den Untergang. Erneut bangt man um das Geld: Verunsicherte vor einer Sparkasse in Berlin als Reaktion auf den Bankenkrach nach dem Zusammenbruch der Darmstädter und Nationalbank im Juli 1931. Das Trauma von 1923 mit der Inflation als Menetekel schränkt die Handlungsoptionen der verantwortlichen Politik ein, die mit ihren Maßnahmen die Krise und das Elend befördert und so letztlich die Tür zur Diktatur weit aufstößt.

industrielle Gesellschaft auf der Erde, die so von der Angst vor einer Geldentwertung geplagt wird wie die deutsche.«[299] Immer wieder wird 1923 als Warnung hervorgekramt, wenn Politik sich mit inflationären Tendenzen auseinanderzusetzen hat. Über den steten Griff in die historische Mottenkiste wurde die Inflationsangst zu einem festgeformten Narrativ auch der Nachgeborenen, die keine der beiden Währungsdesaster Deutschlands im 20. Jahrhundert erlebt haben.

Es reicht das Plakat oder eine Zeitung mit dem Aufmacher »Inflation«,[300] um diese zu aktivieren.

Das schlummernde Trauma wird in Krisenzeiten oder aber zu Jubiläen neu belebt. Wenn beides zusammenfällt – wie jüngst die für die Deutschen doch hohe Inflationsrate mit dem 100. Jahrestag von 1923 –, dann ergießt sich eine Flut warnender Vergleiche über das Land, schießen mit ihr die Ängste ins Kraut. Die Inflationsrate bleibt ein Barometer für das Gefühl von Zufriedenheit und Sicherheit der Deutschen. Eine steigende Geldentwertung greift dieses an. Eben weil sie nach wie vor Staatsschulden und Inflation in einem engen Zusammenhang sehen, tragen viele Währungshüter und selbsternannte Bünde von Steuerzahlenden stets ein Schild mit der Aufschrift vom Menetekel 1923 wie eine Monstranz vor sich her, um die Schuldenbremse als einbetoniertes Axiom aller Finanzpolitik zu propagieren – auch ein Ausfluss des Traumas aus dem Krisenjahr der ersten Republik.

Anhang

Anmerkungen

1 »Die Franzosen in Essen«, in: *Vossische Zeitung* Nr. 18 vom 11.1.1923.

2 Erneut zitiert bei Angersbach/Berger (Hg.): Inflation, S. 12.

3 So die Überschrift des entsprechenden Kapitels bei Mommsen: Freiheit, S. 183.

4 Aufzeichnung vom 31.12.1923 in seinen 1930 auf Deutsch erschienenen Erinnerungen; hier nach: Ursachen und Folgen 5, S. 567.

5 Gemeint ist Mühlhausen: Friedrich Ebert. Quellen werden jedoch nur bei wörtlicher Zitation genannt. Kontinuierlich wird auf veröffentlichte Gesetzestexte hingewiesen. Auf Hinweise zu weiterführender Literatur wird – auch dem Konzept der Reihe geschuldet – generell verzichtet; das knappe Literaturverzeichnis mit vornehmlich neueren Studien bietet der suchenden Leserschaft Orientierung für ein tieferes Eintauchen in die Entwicklungen der Zeit.

6 Karikatur beschrieben und abgedruckt bei Mares: Böses Lachen, S. 220.

7 Erklärung Cunos, »ohne Einschränkung« auf dem Boden der Note seines Vorgängers zu stehen, am 24.11.1922, Verhandlungen des Reichstags 357, S. 9101: künftig abgekürzt VRT; Abstimmung tags darauf, ebd., S. 9175; Abdruck der Note in Ursachen und Folgen 4, S. 416.

8 Zu dieser Note die Einleitung zu: AdR Wirth, S. XLII sowie das Kabinettsprotokoll vom 11.7.1922, dort S. 948 mit Anm. 5 und 6. Die ablehnende Antwort Poincarés vom 26.7.1922 in: Ursachen und Folgen 4, S. 404.

9 AdR Cuno, S. 81.

10 Notiz des Reichsministeriums für Wiederaufbau für den Reichspräsidenten, 9.1.1923, BArch, R 601/183; Kommissionsbeschluss vom Dezember in: Ursachen und Folgen 5, S. 12.

11 Schreiben Cunos an den englischen Premierminister Andrew Bonar Law mit der Anlage in: Ursachen und Folgen 4, S. 433. Am Tag darauf erklärte der Brite das Angebot für unzureichend.

12 Note vom 10.1.1923, Ursachen und Folgen 5, S. 16.

13 »Eberts Aufruf an die bedrohten Gebiete«, in: *Vossische Zeitung* Nr. 15 vom 10.1.1923.

14 »Die Franzosen in Essen«, in: *Vossische Zeitung* Nr. 18 vom 11.1.1923.

15 Aktennotiz von Stinnes vom 23.1.1923, ACDP, 01-220/NL Hugo Stinnes 020/1.

16 Zahlen nach Raithel: Spiel, S. 198, der auf der Basis des namentlichen Abstimmungsergebnisses ältere Angaben korrigiert; Wortlaut der Resolution in VRT 376, S. 5997, Anlage Nr. 5471; Cunos Rede in VRT 357, S. 9422.

17 Ohnezeit: DNVP, S. 234. Der Begriff »Abwehrregierung« stammt vom DNVP-Vorsitzenden Oskar Hergt, ebd., S. 235.

18 Stresemanns im Auftrag der bürgerlichen Parteien abgegebene Erklärung in VRT 357, S. 9423.

19 VRT 357, S. 9454.

20 Wer wie abstimmte, bleibt offen, da Reichstagspräsident Paul Löbe (SPD) jeweils nur »die Mehrheit« feststellte, VRT 358, S. 9874. Das »Notgesetz« im RGBl. I 1923, S. 147; das Gesetz zur Erweiterung des Zeitrahmens ebd., S. 299.

21 Die Zahl 15 bei Poetzsch: Staatsleben I, S. 212 (dort einzeln genannt); Raithel:

Spiel, S. 204 f., nennt 18 Verordnungen, dort S. 199 auch zum Entwurf des Ermächtigungsgesetzes und zum verabschiedeten Notgesetz.

22 »Verordnung gegen die Spekulation in ausländischen Zahlungsmitteln«, RGbl. I 1922, S. 795.

23 »Verordnung auf Grund des Notgesetzes (Maßnahmen gegen die Valuta-Spekulation)« vom 8.5.1923, RGbl. I 1923, S. 275.

24 Kabinettssitzung 22.6.1923, AdR Cuno, S. 598; die »Verordnung über den Handel mit ausländischen Zahlungsmitteln zum Einheitskurse« vom gleichen Tag, RGbl. I 1923, S. 401; Mitteilung Cunos an die Länderregierungen vom 23.6.1923, BArch, R 43-I/2445, pag. 181.

25 AdR Cuno, S. 177; ebd., S. 150 die Sitzung vom 16.1.1923 mit der Wendung von der »passiven Resistenz bei der Eisenbahn«.

26 So die Formulierung vom Staatssekretär des Auswärtigen Amtes, Ago von Maltzan, in einer Aufzeichnung vom 10.9.1923, BArch, R 43-I/162, pag. 73.

27 Anklageschrift in Ursachen und Folgen 5, S. 42.

28 Mühlhausen: Hessen, S. 127.

29 Zahl bei Wuttke: Ruhrbesetzung, S. 28.

30 Angaben bei Jeannesson: Übergriffe, dort getrennte Tabellen nach deutschen und französischen Quellen auf S. 212 f.

31 Gefolgt wird hier dem schlüssigen Urteil (etwa gegen die Dramatisierung von Jones: 1923) von Goch: Gewalteskalation, S. 178.

32 Der Leitspruch aus der Zeitung *Der Tag* und das vorherige Zitat von Löbe bei Wisotzky: Karsamstag, S. 281 f.

33 Den neuesten Stand hierzu unter Korrektur älterer Urteile und Zahlen vermitteln die Beiträge in Grütter/Wuttke/Zolper (Hg.): Hände, aus denen die folgenden Zitate stammen und in denen die beschriebenen Plakate zu finden sind; einige Plakate auch im Anhang von Krumeich/Schröder (Hg.): Schatten.

34 Angabe bei Krüger: Fanal, S. 109.

35 Staatspräsident Remmele an Reichskanzler Cuno, 15.6.1923, AdR Cuno, S. 568; die diesbezügliche Verordnung des französischen Militärbefehlshabers vom 12.2.1923 in: Ursachen und Folgen 5, S. 69; »Kollektivhaftung« bei Krumeich: Der »Ruhrkampf«, S. 16.

36 So die Wertung von Krüger: Fanal, S. 138.

37 Mehlich an Cuno, 19.7.1922, Ursachen und Folgen 5, S. 152.

38 Aufzeichnung vom 21.1.1923, Auszüge ebd., S. 43.

39 Siehe dazu Hannig: Ruhrbesatzung, S. 66.

40 Überblick in der Einleitung zu Furtwängler (Bearb.): Protokolle, Zitat S. XX.

41 Cuno im Kabinett am 6.2.1923, AdR Cuno, S. 217. Die Reise hatte am 4. und 5. Februar stattgefunden; zur Reise Eberts und seinen Eindrücken siehe Mühlhausen (Hg.): Friedrich Ebert – Reden, S. 277.

42 »Deutsches Volksopfer für das Ruhrgebiet«, in: *Vossische Zeitung* Nr. 34 vom 26.1.1923; dort auch die Unterstützung der Ruhrhilfe einfordernde Proklamation von Reichspräsident, Reichskanzler und den Länderregierungen.

43 VRT 359, S. 10578.

44 Zeitungsartikel vom 13.4.1923, zitiert bei Ebert: Wilhelm Sollmann, S. 231 (dort Anm. 300).

45 Das Schreiben in AdR Cuno, S. 415.

46 Braun: Reichskanzler, S. 239.

47 Note vom 2.5.1923, Ursachen und Folgen 5, S. 121; französische und englische Antwort ebd., S. 125 und S. 130.
48 Ruck: Gewerkschaften, S. 334.
49 Ursachen und Folgen 5, S. 145.
50 Rundschreiben des Reichskanzlers an die Länderregierungen, 18.6.1923, AdR Cuno, S. 586.
51 Taylor: Inflation, S. 53.
52 Wallwitz: Inflation, S. 30.
53 Teupe: Zeit, S. 93.
54 Schulze: Weimar, S. 36.
55 Geyer: Welt, S. 259.
56 Dazu ausführlich die Schrift des Reichsarbeitsministeriums von 1929: Deutsche Sozialpolitik, S. 136.
57 Wehler: Gesellschaftsgeschichte, S. 249.
58 So Knortz: Wirtschaftsgeschichte, S. 72.
59 Begriff bei Teupe: Zeit, S. 80.
60 Zahlen nach den Angaben des Reichsarbeitsministeriums in: Deutsche Sozialpolitik (1929), S. 89.
61 Angaben in der Einleitung zu AdR Cuno, S. XXXVI.
62 Teupe: Zeit, S. 157.
63 AdR Cuno, dort die Einleitung, S. XL.
64 Wehler: Gesellschaftsgeschichte, S. 246.
65 Angersbach/Berger (Hg.): Inflation, S. 90.
66 »Etatsberatung im Rathaus«, in: *Casseler Volksblatt* Nr. 90 vom 15.4.1924.
67 Emil Guggenheimer (Vorstand MAN) bei Taylor: Inflation, S. 179.
68 Zahlen bei Knortz: Wirtschaftsgeschichte, S. 67.
69 Die Definition von 1928 in Deutsche Sozialpolitik (1929), S. 239; das bis zum 1.4.1924 gültige Gesetz im RGbl. I 1923, S. 104.
70 Tabelle bei Wehler: Gesellschaftsgeschichte, S. 246.
71 Begriff bei Geyer: Zeit, S. 77.
72 AdR Cuno, S. 127.
73 Kling: Aspekte, S. 265.
74 Einleitung zu AdR Cuno, S. XXXVI.
75 Hermann Müller am 9.8.1923 im Reichstag, VRT 361, S. 11763.
76 Taylor: Inflation, S. 350.
77 Schott: Kampf, S. 107; zu »Wucherrhetorik und Antisemitismus« vgl. Geyer: Welt, S. 279.
78 So das Fazit von Albert Grzesinski (SPD), Präsident des zuständigen Landespolizeiamtes in Preußen; Albrecht: Albert Grzesinski, S. 125.
79 Zahlen bei Weber: Sozialpartnerschaft, S. 370 (auch zum Folgenden).
80 Angersbach/Berger (Hg.): Inflation, S. 104.
81 Zahlen bei Wisotzky: Essen, S. 41.
82 Angaben bei Stremmel: Patriotismus, S. 85; andernorts andere Zahlen.
83 Zitiert bei Ebert: Wilhelm Sollmann, S. 234.
84 Eintragungen 14. und 23.10.1923, Kollwitz: Leben, S. 114 und S. 214.
85 Details mit Hinweisen zu den einzelnen Gesetzen in: Deutsche Sozialpolitik (1929), S. 264.
86 Geyer: Welt, S. 321.
87 Zahlen in den Beiträgen in: Grütter/Wuttke/Zolper (Hg.): Hände, S. 42 und S. 87.
88 In einem umfassenden Band des Kulturhistorikers und Journalisten Hans Ostwald; Ostwald: Sittengeschichte.
89 Schreiben des Reichskanzlers an die Landesregierungen, 16.1.1923, AdR Cuno, S. 151, Auszüge publiziert in »Gegen Schlemmerei und Alkoholmißbrauch«, in: *Vossische Zeitung* Nr. 32 vom 19.1.1923.
90 Zitiert bei Angersbach/Berger (Hg.): Inflation, S. 72.

91 Weber: Sozialpartnerschaft, S. 588 f.; für Biebrich siehe Mühlhausen: Hessen, S. 160.

92 »Gesetz zur Sicherung der Brotversorgung im Wirtschaftsjahre 1923/24« vom 23.6.1923, RGbl. I 1923, S. 410; ebd., S. 1039 und S. 1047 die späteren Ausführungsverordnungen.

93 Fazit von Weber: Sozialpartnerschaft, S. 573.

94 Angaben: Deutsche Sozialpolitik (1929), S. 96.

95 Kabinettsbeschluss vom 23.10.1923, AdR Stresemann, S. 700; Verordnung vom 26.10.1923, RGbl. I 1923, S. 1065.

96 Stocker: Inflation, S. 294.

97 Deutsche Sozialpolitik (1929), S. 238; Verordnung (gültig bis zum 1.4.1924), RGbl. I 1923, S. 794.

98 So die Schrift Deutsche Sozialpolitik (1929), S. 180.

99 Ebd., S. 240.

100 Brief vom 25.11.1922, PA AA, NL 40/NL Ulrich Graf Brockdorff-Rantzau 16/2, H 227311.

101 Raithel: Spiel, S. 208.

102 Brief von Ludwig Haas vom 18.4.1923 an Joseph Wirth, BArch, N 1342/NL Joseph Wirth 17.

103 VRT 359, S. 10580.

104 Raumer an Stresemann, 23.7.1923, PA AA, NL 306/NL Gustav Stresemann 256, H 145750.

105 Die Zitate aus der Mitteilung von Staatssekretär Maltzan an die Auslandsmissionen, 10.9.1923, BArch, R 43-I/162, pag. 73.

106 Die ursprüngliche Einheitskursverordnung im RGbl. I 1923, S. 401 (zum Erlass siehe hier Kap. 2), die Aufhebung ebd., S. 760.

107 Rede von Hermes in VRT 361, S. 11755; die Steuergesetze im RGbl. I 1923, S. 769 ff.

108 So der *Vorwärts*-Chefredakteur und Mitglied des Reichstags Friedrich Stampfer in seinen Erinnerungen, Stampfer: Vierzehn Jahre, S. 327; das Gesetz über die wertbeständige »Anleihe des Deutschen Reichs« im RGbl. I 1923, S. 777.

109 Vor Berliner Funktionären; »Parteifunktionäre und Regierungsbildung«, in: *Vorwärts* Nr. 375 vom 14.8.1923.

110 »Eine Weltstadt ohne Geld!«, in: *Frankfurter Zeitung* Nr. 589 vom 11.8.1923.

111 Telegramm an die »Führer der Landwirtschaft« vom 27.7.1923, in: Ursachen und Folgen 5, S. 155.

112 Stichtag war Mittwoch, der 8. August laut »Taumel der Teuerung«, in: *Vorwärts* Nr. 374 vom 12.8.1923.

113 Angaben bei Fischer: Verwerfungen, S. 155.

114 Ruck: Gewerkschaften, S. 433.

115 Ursachen und Folgen 5, S. 169.

116 VRT 361, S. 11751.

117 »Die Steuertäuschung«, in: *Vossische Zeitung* Nr. 355 vom 29.7.1923; Wolffs Artikel »Kabinettswechsel«, in: *Berliner Tageblatt* Nr. 375 vom 12.8.1923; Stresemanns Tagesnotiz in Stresemann: Vermächtnis 1, S. 75.

118 Aufruf in: Ursachen und Folgen 5, Zitat S. 156.

119 »Steuerreform und Krisenstimmung«, in: *Vorwärts* Nr. 373 vom 11.8.1923.

120 So die Wertung in den Artikeln »Vor einem Regierungswechsel«, in: *Vossische Zeitung* Nr. 376–378 vom 11.8.1923 und »Krisenstimmung in Berlin«, in: *Germania* Nr. 219 vom 10.8.1923; der Ursprungsartikel der *Germania* Nr. 205 vom 27.7.1923 ausführlich zitiert bei Raithel: Spiel, S. 220.

121 RGbl. I 1923, S. 768.

122 Kabinettssitzung vom 10.8.1923 (22 Uhr), AdR Cuno, S. 727 und S. 730.

123 »Cuno-Krise« in: *Vorwärts* Nr. 374 vom 12.8.1923, dort auch der Beschluss der SPD-Fraktion.

124 So der Reichsvertreter im Volksstaat Hessen, Eduard David (SPD), in seinem Bericht vom 15.6.1923; Kahlenberg (Bearb.): Berichte, S. 107.

125 Seeckt in einem Privatbrief vom 19.8.1923; zitiert bei Meier-Welcker: Seeckt, S. 369.

126 Abgedruckt u. a. in »Cunos Rücktritt – Stresemann Kanzler«, in: *Vorwärts* Nr. 374 a vom 13.8.1923.

127 Privatbriefs Seeckts vom 19.8.1923 bei Meier-Welcker: Seeckt, S. 369.

128 Etwa in »Frankfurt, 11. August«, in: *Frankfurter Zeitung* Nr. 590 vom 11.8.1923.

129 »Regierung Stresemann – Robert Schmidt«, in: *Vorwärts* Nr. 375 vom 14.8.1923.

130 Rede ausführlich in den Artikeln »Parteifunktionäre und Regierungsbildung«, in: *Vorwärts* Nr. 375 und Nr. 376 vom 14.8.1923.

131 VRT 361, S. 11839, namentliches Abstimmungsergebnis ebd., S. 11871; Statistik nach Fraktionen bei Raithel: Spiel, S. 244.

132 »Der erste Tag der neuen Regierung«, in: *Vorwärts* Nr. 377 vom 15.8.1923.

133 Ministerratssitzung am 25.9.1923, AdR Stresemann, S. 361.

134 Angaben in einer Aufzeichnung von Staatssekretär Maltzan, 17.9.1923, BArch, R 43-I/162, pag. 74/RS.

135 So im Aufruf von Reichspräsident und Reichsregierung vom 26.9. zum Abbruch des passiven Widerstandes, Ursachen und Folgen 5, S. 204.

136 »Das tote Ruhrgebiet«, in: *Sozialistische Politik und Wirtschaft* Nr. 75 vom 19.11.1923.

137 Aufruf vom 26.9., Ursachen und Folgen 5, S. 203.

138 Die Reichsverordnung ebd., S. 205; die bayerische ebd., S. 388.

139 Diese »amtliche Mitteilung« in »Für die Sicherung der Ordnung«, in: *Berliner Tageblatt* Nr. 447 vom 23.9.1923.

140 In diesem Sinne die Interpretation in »Der Charakter des Ausnahmezustandes«, in: *Frankfurter Zeitung* Nr. 720 vom 28.9.1923.

141 So Innenminister Wilhelm Sollmann an den badischen Staatspräsidenten Adam Remmele, 2.10.1923 (Abschrift), BArch, R 601/442, pag. 8. Zu den Protesten der Landesregierungen: AdR Stresemann, S. 396; speziell für Baden Furtwängler (Bearb.): Protokolle, S. 273 mit Anm. 788.

142 Genannt bei Raithel: Spiel, S. 271.

143 Stresemann: Vermächtnis 1, S. 143. Das Protokoll der vorhergehenden Kabinettssitzung in AdR Stresemann, S. 459.

144 Siehe »Rücktritt der Reichsregierung«, in: *Vorwärts* Nr. 463 vom 4.10.1923.

145 Ausdruck im Brief der SPD-Reichstagsabgeordneten Johanna Tesch (SPD) an ihren Ehemann Richard vom 5.10.1923, Tesch: Deiwel, S. 230.

146 Notizen vom 4. und 5.10.1923, Stresemann: Vermächtnis 1, S. 145.

147 Tagebuch in ACI, NL Houghton 18-1-4, S. 818; ähnlich Houghton an US-Außenminister Charles E. Hughes, 7.10.1923, NA, RG 59, 862.00/1294.

148 Formulierungen nach dem »Ermächtigungsgesetz«, RGbl. I 1923, S 943; die zentralen Passagen wörtlich auch bei Stocker: Inflation, S. 239.

149 Brief an ihren Ehemann Richard, vollständig in Tesch: Deiwel, S. 233.

150 »Die gestrige Reichstagssitzung«, in: *Berliner Tageblatt* Nr. 479 vom 12.10.1923.

151 »Entscheidungsstunden im Reichstag«, in: *Vorwärts* Nr. 479 vom 13.10.1923.

152 Stresemanns Parlamentsrede in VRT 361, S. 12141; s. a. Stresemann: Vermächtnis 1, S. 156; seine Ausführungen in der Kabinettssitzung am 11.10.1923 (16 Uhr, nach der Reichstagssitzung) in AdR Stresemann, S. 543.

153 »Das Ermächtigungsgesetz angenommen«, in: *Vossische Zeitung* Nr. 486 vom 13.10.1923.

154 Reichspräsident an Reichskanzler, 15.10.1923, BArch, R 43-I/2394, pag. 224.

155 Diese und die weiteren Verordnungen im RGbl. I 1923, S. 946 ff. Mehr dazu in Kap. 11.

156 Zahl nach Poetzsch: Staatsleben I, S. 213, dort einzeln aufgelistet.

157 Verordnung im RGbl. I 1923, S. 963; Müller in seiner Rede auf dem Parteitag am 12.6.1924 in Berlin; SPD-Parteitag 1924, S. 89.

158 »Vor der Regierungserklärung«, in: *Berliner Tageblatt* Nr. 378 vom 14.8.1923. Der folgende Abschnitt stützt sich wesentlich auf Mühlhausen: Friedrich Ebert, S. 641 ff.; hier nicht weiter erwähnte Quellen mit militärischem und militärpolitischem Bezug in: Hürten (Bearb.): Krisenjahr 1923, S. 60 ff.

159 So Zeigner zitiert bei Schmeitzner: Alfred Fellisch, S. 241.

160 Ausdruck in einer resümierenden Schrift der DVP von 1926, zitiert bei Pastewka: Koalitionen, S. 225.

161 So im Protokoll der Sitzung des sächsischen Kabinetts vom 15.10.1923, SächsStA – HStA Dresden, 10701/188.

162 Ebert rückblickend an den vormaligen Justizminister Radbruch, 24.12.1923, UBHD, Heid. HS. 3716/NL Gustav Radbruch 2445.

163 Nach Schmeitzner: Erich Zeigner, S. 118 (Anm. 299).

164 Tagebucheintragung vom 22.10.1923, BArchMA, N 323/NL Friedrich von Boetticher 107.

165 Brief Stresemanns und Antwort Zeigners in: Ursachen und Folgen 5, S. 498, dort auch weitere Dokumente zum Konflikt.

166 Zitat aus der Verordnung vom 29.10.1923, ebd., S. 500.

167 Stresemann: Vermächtnis 1, S. 187.

168 »Zerfall der Großen Koalition«, in: *Vossische Zeitung* Nr. 514 vom 30.10.1923.

169 AdR Stresemann, S. 880.

170 Verordnung vom 1.11.1923, RGbl. I 1923, S. 1039.

171 »Militärherrschaft in Dresden«, in: *Vorwärts* Nr. 507 vom 30.10.1923.

172 Stresemann auf der Kabinettssitzung am 27.10.1923, AdR Stresemann, S. 885.

173 Statt vieler Einzelnachweise die Presseübersichten »Die Regierung zwischen den Parteien«, in: *Vossische Zeitung* Nr. 513 vom 30.10.1923 und »Berliner Pressestimmen«, in: *Frankfurter Zeitung* Nr. 808 vom 31.10.1923.

174 Thüringisches Staatsministerium (Frölich) an den Reichskanzler, 30.10.1923, AdR Stresemann, S. 908; einige Dokumente zum weiteren Geschehen in Eckardt (Hg.): Ausnahmezustand.

175 So Maltzan an Brockdorff-Rantzau, 28.9.1923, PA AA, NL 40/NL Ulrich Graf Brockdorff-Rantzau 14/2, H 225427.

176 AdR Stresemann, S. 411; Zitat aus der Reichstagsrede Stresemanns in VRT 361, S. 1939; Briefentwurf, BArch, R 43-I/2703, pag. 193.

177 Materialsammlung Lieber (Eintragung vom 30.9.1923), AdR Stresemann, S. 1183; Akten zur Affäre um den Goldtransport in BArch, R 43-I/2218, pag. 154 ff.

178 Auf der Sitzung mit den Ministerpräsidenten und Gesandten am 24.10.1923, AdR Stresemann, S. 742.

179 Knilling an Stresemann, 12.10.1923, Deuerlein (Hg.): Hitler-Putsch, S. 212.

180 Die entsprechenden Quellen ebd., S. 185; Ursachen und Folgen 5, S. 391 ff.

181 Zitiert bei Kellerhoff: Putsch, S. 171.

182 Aufruf der Reichsregierung vom 21.10.1923, Ursachen und Folgen 5, S. 396; Seeckts Tagesbefehl vom 22.10.1923, ebd., S. 397.

183 Einleitung zu Hürten (Bearb.): Krisenjahr, S. XXI.

184 Kahr vor den standortältesten Offizieren am 19.10.1923, Deuerlein (Hg.): Hitler-Putsch, S. 238; Kundgebung Lossows vom 22.10.1923, Ursachen und Folgen 5, S. 398.

185 So General Erich Ludendorff in seinen Erinnerungen, zitiert bei Niess: Hitlerputsch, S. 101.

186 Kabinettssitzung vom 1.11.1923, AdR Stresemann, S. 935.

187 Sollmann an Stresemanns Sohn Joachim, 26.9.1939, HASK, NL Wilhelm Sollmann 549, V-3-192.

188 »Keine Aenderung in Preußen«, in: *Vossische Zeitung* Nr. 521 vom 3.11.1923.

189 »Der 9. November der deutschen Republik«, in: *Sozialistische Politik und Wirtschaft* Nr. 73 vom 6.11.1923.

190 Verpflichtungsschreiben der französischen Besatzung in Wiesbaden vom 22.10.1923, Ursachen und Folgen 5, S. 304, hier auch weitere Quellen.

191 Dorten im September 1923 in Koblenz, zitiert bei Jones: 1923, S. 239.

192 Für die Konferenz in Hagen vgl.: Stresemann: Vermächtnis 1, S. 181; Protokoll der Ministerbesprechung am 24.10.1923, AdR Stresemann, S. 711.

193 Erklärung vom 13.11.1923, Ursachen und Folgen 5, S. 311.

194 Der Befehl vom 3.11.1923, ebd., S. 309.

195 Ebert am 27.10.1923 im Schreiben an Friedrich Profit (SPD), der im Auftrag der Reichsregierung Kontakt zu den linksrheinischen Behörden und Parteien hielt, BArch, R 601/1129, pag. 167.

196 Vertretung der Reichsregierung in München an die Reichskanzlei, 25.10.1923, BArch, R 43-I/2218, pag. 235; das Hoffmann-Zitat bei Hennig: Hoffmann, S. 490, das Zeitungszitat bei Spindler: »Das Volk will heraus aus der Not!«, S. 377.

197 Aufruf und Proklamation vom 5. respektive 12.11.1923, Ursachen und Folgen 5, S. 314.

198 Zitat bei Schnorrenberg: Düsseldorfer »Blutsonntag« S. 303.

199 Kellerhoff: Putsch, S. 177.

200 Deuerlein (Hg.): Hitler-Putsch, S. 86; nicht ganz korrekt zitiert bei Niess: Hitlerputsch, S. 149.

201 Zitiert bei Niess: Hitlerputsch, S. 164.

202 Dokumente zur Versammlung im Bürgerbräukeller: Ursachen und Folgen 5, S. 431.

203 Niess: Hitlerputsch, S. 181.

204 Abschrift eines Briefes des Seeckt-Adjutanten Hans Harald von Selchow an den Autor Horst Mühleisen, 15.10.1956, BArchMA, MSG 2/16076.

205 Aufruf Kahrs vom 9.11.1923, Ursachen und Folgen 5, S. 440.

206 Pozzi zitiert bei Niess: Hitlerputsch, S. 216; ebd., S. 253 das Gedicht.

207 Beide Zitate bei Dipper: Hitler-Putsch, S. 31.

208 In gebotener Kürze etwa Jones: 1923, S. 271 und Ullrich: Deutschland, S. 180; zu viel Gewicht bei Longerich: Kontrolle, S. 176 und 188.

209 Kellerhoff: Putsch, S. 255.

210 So im Brief an den Reichspräsidenten vom 1.11.1923, zitiert in Hürten (Bearb.): Krisenjahr, S. XXII.

211 Mit weiteren Nachweisen Mühlhausen: Friedrich Ebert, S. 318 und S. 358. Das Reinhardt-Zitat stammt aus einem Brief vom 31.12.1919; dieser in Hürten (Bearb.): Revolution, S. 294.

212 So in der Einleitung zu: Hürten (Bearb.): Krisenjahr, S. XXVII.

213 Winkler: Weg, S. 445; ähnlich schon 1984 in Winkler: Revolution, S. 672.

214 Brief an den vormaligen Reichsminister Adolf Köster (SPD), zu diesem Zeitpunkt Gesandter in Lettland, AdsD/FES, NL Köster 30.

215 Wiedergegeben am 23.9.1923 in einem Telegramm Houghtons an das Department of State in Washington, NA, RG 59, 462.00 R 29/3074; dazu die Tagebuchaufzeichnung vom 23.9.1923, ACI, NL Alanson B. Houghton 18-1-4, S. 790.

216 Aufzeichnung für Stinnes, 4.11.1923, ACDP, 01-220/NL Hugo Stinnes 039/1; Aufzeichnungen Seißers vom 3.11.1923 über seine Gespräche in Berlin, Deuerlein (Hg.): Hitler-Putsch, S. 302.

217 Aufzeichnungen von Hans Harald von Selchow für den Zeitraum 22.10.–5.11.1923, BArchMA, MSG 2/16076.

218 Hürten (Bearb.): Krisenjahr, S. XXVI.

219 So Seeckt im Entwurf einer Regierungserklärung vom September 1923, AdR Stresemann, S. 1208; sein »Regierungsprogramm« ebd., S. 1203.

220 Tagebucheintrag vom 5.10.1923, BArchMA, N 323/NL Friedrich von Boetticher 107.

221 Seeckt an Wiedfeldt, 4.11., und Wiedfeldt an Seeckt, 24.11.1923, AdR Stresemann, S. 1215.

222 Materialsammlung Lieber, Eintragung 3.11.1923, AdR Stresemann, S. 1192. Dazu die Ausführungen Seeckts gegenüber Seißer in dessen Bericht über seine Besprechungen in Berlin, 3.11.1923, Deuerlein (Hg.): Hitler-Putsch, S. 303.

223 Geschildert bei Geßler: Reichswehrpolitik, S. 299, basierend auf einer älteren Stellungnahme (ca. 1941); diese in: BayHStA, NL Eduard Hamm 107.

224 Materialsammlung Lieber, Eintragung vom 5.11.1923, AdR Stresemann, S. 1198.

225 Protokoll der DVP-Fraktionssitzung, PA AA, NL 306/NL Gustav Stresemann 87, H 171449; Auszüge bei Stresemann: Vermächtnis 1, S. 200.

226 Materialsammlung Lieber, Eintrag 7.11.1923, AdR Stresemann, S. 1193.

227 So wörtlich in der Verordnung vom 8.11.1923, Ursachen und Folgen 5, S. 407.

228 Tagebucheintrag vom 15.11.1923, ACI, NL Houghton 18-1-4, S. 887.

229 Rose Hilferding an Karl und Luise Kautsky, 20.8.1923, RZM, NL Karl und Luise Kautsky 440.

230 Beschluss der SPD-Fraktion vom 20.11.1923 im Artikel »Sozialdemokratischer Mißtrauensantrag«, in: *Vorwärts* Nr. 547 vom 23.11.1923.

231 Stresemann gegenüber dem Schweizer Gesandten Hermann Rüfenacht laut dessen Bericht vom 25.9.1924, SBAB, E 2300 Berlin 25. Andere Version bei Stresemann: Vermächtnis 1, S. 245, wo die ihm zugetragenen Worte Eberts an die SPD-Spitze lauten: »Was Euch veranlasst, den Kanzler zu stürzen, ist in sechs Wochen vergessen, aber die Folgen Eurer

Dummheit werdet Ihr noch zehn Jahre lang spüren.« Dieses wird zumeist zitiert.

232 VRT 361, S. 12294; das Abstimmungsergebnis nach Fraktionen bei Raithel: Spiel, S. 308.

233 »Was nun?«, in: *Kölnische Volkszeitung* Nr. 855 vom 24.11.1923, zitiert bei Morsey: Zentrumspartei, S. 550.

234 Ebert an Albert, 25.11.1923, BArch, R 601/399, pag. 256, veröffentlicht u. a. im Artikel »Geschäftsministerium Albert«, in: *Vossische Zeitung* Nr. 559 vom 26.11.1923.

235 Kabinettssitzung vom 1.12.1923, AdR Marx, S. 2.

236 RGbl. I 1923, S. 1177 und S. 1205 sowie RGbl. I 1924, S. 74.

237 VRT 361, S. 12297; Auszüge in Ursachen und Folgen 5, S. 275.

238 Die Auflösungsorder, in der das Datum offengelassen war, ging nach Annahme des Ermächtigungsgesetzes an das Präsidialbüro zurück, BArch, R 601/444, pag. 9.

239 So der vormalige Innenminister Robert Schmidt auf dem nachfolgenden Parteitag 1924; SPD-Parteitag 1924, S. 124.

240 Bernstein an Karl und Luise Kautsky, 8.12.1923, IISG, NL Karl Kautsky D-V-22; auch bei Winkler: Revolution, S. 681, Anm. 274.

241 Gesetz in Ursachen und Folgen 5, S. 283.

242 So Hermann Müller auf dem Parteitag 1924; SPD-Parteitag 1924, S. 89.

243 Stampfer: Vierzehn Jahre, S. 402.

244 Verordnung im RGbl. I 1924, S. 57.

245 Weber: Sozialpartnerschaft, S. 606; Verordnung im RGbl. I 1923, S. 1249.

246 Abbildung in Angersbach/Berger (Hg.): Inflation, S. 106.

247 So ein Referent des Reichswirtschaftsministeriums, zitiert bei Teupe: Zeit, S. 245.

248 Stampfer: Vierzehn Jahre, S. 326; Stocker: Inflation, S. 270.

249 Artikel Hilferdings »Die Aufgaben der Reichsbank«, in: *Vorwärts* Nr. 370 vom 9.8.1923.

250 »Wechsel in der Reichsbankleitung«, in: *Vossische Zeitung* Nr. 380 vom 13.8.1923.

251 Mühlhausen: Friedrich Ebert, S. 639.

252 So Wehler: Gesellschaftsgeschichte, S. 247.

253 »Verordnung über die Errichtung der Deutschen Rentenbank« im RGbl. I 1923, S. 963; Auszüge in Ursachen und Folgen 5, S. 563.

254 Büttner: Weimar S. 180.

255 Taylor: Inflation, S. 321.

256 Tabelle im Schreiben des Reichsbankdirektoriums an den Reichsfinanzminister vom 1.12.1923 (Abschrift), BArch, R 601/739, pag. 304.

257 Teupe: Zeit, S. 250.

258 Wallwitz: Inflation, S. 226.

259 So Kassels Oberbürgermeister Scheidemann, »Beginn der Etatsberatung«, in: *Casseler Volksblatt* Nr. 70 vom 24.3.1925.

260 Mit den Quellen Mühlhausen: Philipp Scheidemann, S. 70.

261 »Bankgesetz« vom 30.8.1924, RGbl. II 1923, S. 235.; »Münzgesetz«, ebd., S. 254; die beiden Verordnungen zu der in den Gesetzen offengelassenen Inkraftsetzung ebd., S. 383.

262 Knortz: Wirtschaftsgeschichte, S. 64; »Gesetz über Aufwertung von Hypotheken und anderen Ansprüchen (Aufwertungsgesetz)«, RGbl. I 1925, S. 117.

263 Teupe: Zeit, S. 260.

264 Knortz: »Wunder«, S. 31; »Gesetz über die Ablösung öffentlicher Anleihen«, RGbl. I 1925, S. 137.

265 »Verordnung zur Herabminderung der Personalausgaben des Reichs (Personal-Abbau-Verordnung)«, RGbl. I 1923, S. 999.

266 So die missverständliche Kapitelüberschrift bei Stocker: Inflation, S. 267.

267 Dieser Aspekt bei Furtwängler (Bearb.): Protokolle, S. XXXIII.

268 Zahlen in der Einleitung zu AdR Marx, S. XXVI. Genaue Unterteilung in der Denkschrift des Finanzministers über den »Personal-Abbau« vom 5.6.1924, VRT 382, Anlage Nr. 218, S. 3.

269 Paulus: Von idealisierten Müttern, S. 127.

270 Verordnung in: Preußische Gesetzsammlung Nr. 11 (1924), S. 73.

271 VRT 361, S. 12466.

272 Seeckt an Ebert, 13.2.1924, BArch, R 601/429, pag. 197; Aufhebung vom 28.2.1924, RGbl. I 1924, S. 152.

273 Lossow an Seeckt, 12.1.1924, und Seeckt an den Reichspräsidenten, 13.1.1924, AdR Marx, S. 236.

274 Vom 18.2.1924, Ursachen und Folgen 5, S. 411.

275 Ebert an den Ex-Minister Radbruch, 24.12.1923, UBHD, Heid. HS. 3716/NL Gustav Radbruch 2445.

276 So im Jahrbuch des Bergarbeiterverbandes 1923, zitiert bei Weber: Sozialpartnerschaft, S. 626.

277 So das Fazit von Ruck: Gewerkschaften, S. 535.

278 Stremmel: Patriotismus, S. 90.

279 »Verordnung über das Schlichtungswesen«, RGbl. I 1923, S. 1043.

280 So Finanzminister Luther auf der Ministerbesprechung am 6.2.1924, AdR Marx, S. 324.

281 VRT 361, S. 12828.

282 Ursachen und Folgen 6, S. 59.

283 Angersbach/Berger (Hg.): Inflation, S. 22; Film abrufbar u. a. bei: https://www.youtube.com/watch?v=wDrZGshezSw (zuletzt aufgerufen am 22.9.2023).

284 Angersbach/Berger (Hg.): Inflation, S. 150.

285 Böhles: Hyperinflation, S. 7. So trägt auch Jones' Abhandlung den Titel »1923. Ein deutsches Trauma«.

286 Das ist für Essen festgestellt worden und dürfte für das gesamte Ruhrgebiet gelten, vgl. Wisotzky: Volk, S. 45.

287 So der seinerzeit auf dem linken SPD-Flügel stehende Journalist Walter Fabian, später Widerstandskämpfer und Publizist, in einer Schrift 1930, zitiert bei Pastewka: Koalitionen, S. 217.

288 »Recht und Macht«, in: *Vossische Zeitung* Nr. 512 vom 29.10.1923.

289 Geyer: Welt, S. 213.

290 Vgl. Furtwängler (Bearb.): Protokolle, S. XXXIII.

291 Geyer: Welt, S. 321.

292 Taylor: Inflation, S. 345; das folgende Fazit bei Stocker: Inflation, S. 331.

293 Aus seiner 1941 vollendeten Autobiografie, 1942 posthum veröffentlicht; die oftmals zitierte Passage identisch u. a. bei Longerich: Kontrolle, S. 135, und bei Ullrich: Deutschland, S. 350.

294 Plakat und Foto von einer Litfaßsäule bei Angersbach/Berger (Hg.): Inflation, S. 147.

295 Ausdruck bei Süß: 1923, S. 259.

296 So der Aufsatz von Ullrich: 1923.

297 Vgl. Roevelink: Währung.

298 Überzeugend bei Teupe: Zeit, S. 262, dem hier gefolgt wird.

299 Knortz: Wirtschaftsgeschichte, S. 80.

300 Einige Titelblätter abgebildet in: Weimarer Republik e. V. (Hg.): Trauma, S. 24.

Abkürzungsverzeichnis

ACDP	Archiv für Christlich-Demokratische Politik, Sankt Augustin
ACI	Archiv der Corning Inc., Corning (USA)**
AdR	Akten der Reichskanzlei
AdsD/FES	Archiv der sozialen Demokratie/Friedrich-Ebert-Stiftung, Bonn
APuZ	Aus Politik und Zeitgeschichte
BArch	Bundesarchiv
BArchMA	Bundesarchiv-Militärarchiv, Freiburg
BayHStA	Bayerisches Hauptstaatsarchiv München
BVP	Bayerische Volkspartei
DDP	Deutsche Demokratische Partei
DNVP	Deutschnationale Volkspartei
DVP	Deutsche Volkspartei
HAPAG	Hamburg-Amerikanische Packetfahrt-Actien-Gesellschaft
HASK	Historisches Archiv der Stadt Köln***
IISG	Internationales Institut für Sozialgeschichte, Amsterdam
KPD	Kommunistische Partei Deutschlands
LoC	Library of Congress
NA	National Archives, College Park (USA)
NL	Nachlass
NSDAP	Nationalsozialistische Deutsche Arbeiterpartei
PA AA	Politisches Archiv des Auswärtigen Amts, Berlin
RGbl.	Reichsgesetzblatt
RZM	Russisches Zentrum für die Vewahrung und Erforschung von Dokumenten der Neuesten Geschichte, Moskau*
SBAB	Schweizerisches Bundesarchiv, Bern
SPD	Sozialdemokratische Partei Deutschlands
UBHD	Universitätsbibliothek Heidelberg
USPD	Unabhängige Sozialdemokratische Partei Deutschlands
SächsStA	Sächsisches Staatsarchiv – Hauptstaatsarchiv Dresden
VRT	Verhandlungen des Reichstags

* Besuche in den 1990er-Jahren; Verbleib der dort eingesehenen Aktenbestände ebenso unbekannt wie mögliche Namensänderungen der Archive.

** Besuch 2003; es ist nicht bekannt, ob der seinerzeit dort befindliche Nachlass von Alanson B. Houghton nach wie vor in dem Unternehmen lagert.

*** Die dort vor der Zerstörung des Archivs 2009 eingesehenen Dokumente sind dort nicht mehr erhalten.

Literatur

Hier werden nur die grundlegenden Werke und herangezogene Literatur erwähnt; die ältere Literatur, auch zu Einzelaspekten, findet sich erwähnt in der Studie des Autors, *Friedrich Ebert* (2007).

Akten der Reichskanzlei (AdR):
– Die Kabinette Wirth I und II. 10. Mai 1921 bis 26. Oktober 1921/26. Oktober 1921 bis 22. November 1922, bearb. von Ingrid Schulze-Bidlingmaier, Boppard/Rh. 1973. (abgekürzt als AdR Wirth)
– Das Kabinett Cuno. 22. November 1922 bis 12. August 1923, bearb. von Karl-Heinz Harbeck, Boppard/Rh. 1968. (abgekürzt als AdR Cuno)
– Die Kabinette Stresemann I und II. 13. August bis 6. Oktober 1923/6. Oktober bis 30. November 1923, bearb. von Karl Dietrich Erdmann und Martin Vogt, Boppard/Rh. 1978. (abgekürzt als AdR Stresemann)
– Die Kabinette Marx I und II. 30. November 1923 bis 3. Juni 1924/3. Juni 1924 bis 15. Januar 1925, bearb. von Günter Abramowski, Boppard/Rh. 1973. (abgekürzt als AdR Marx)

Albrecht, Thomas: Für eine wehrhafte Demokratie. Albert Grzesinski und die preußische Politik in der Weimarer Republik, Bonn 1999.

Angersbach, Nathalie/Berger, Frank (Hg.): Inflation 1923. Krieg, Geld, Trauma. Begleitbuch zur Ausstellung Historisches Museum Frankfurt, Frankfurt a. M. 2023.

Böhles, Marcel: Die Hyperinflation 1923 – ein deutsches Trauma, in: Weimarer Republik e. V. (Hg.): Trauma, S. 6–11.

Bommarius, Christian: Im Rausch des Aufruhrs. Deutschland 1923, München 2022.

Bönnen, Gerold/Nagel, Daniel (Hg.): »In Worms ist keine Fensterscheibe gesprungen«. Revolution, Kriegsende und Frühzeit der Weimarer Republik in Worms 1918–1923, Worms 2018.

Braun, Bernd: Die Weimarer Reichskanzler. Zwölf Lebensläufe in Bildern, Düsseldorf 2011.

Büttner, Ursula: Weimar. Die überforderte Republik 1918–1933. Leistung und Versagen in Staat, Gesellschaft, Wirtschaft und Kultur, Stuttgart 2008.

Deuerlein, Ernst (Hg.): Der Hitler-Putsch. Bayerische Dokumente zum 8./9. November 1923, Stuttgart 1962.

Deutsche Sozialpolitik 1918–1928, hg. vom Reichsarbeitsministerium, Berlin 1929.

Dipper, Christof: Der Hitler-Putsch und die Rolle des italienischen Faschismus, in: Hannig/Mares (Hg.): Krise, S. 30–43.

Ebert, Simon: Wilhelm Sollmann. Sozialist – Demokrat – Weltbürger (1881–1951), Bonn 2014.

Eckardt, Michael (Hg.): Ausnahmezustand in Thüringen – das Krisenjahr 1923, Erfurt 2017.

Fischer, Conan: Soziale Verwerfungen im Ruhrkampf durch Hunger und Evakuierung, in: Krumeich/Schröder (Hg.): Schatten, S. 149–167.

Furtwängler, Martin (Bearb.): Die Protokolle der Regierung der Republik Baden. Dritter Band.: Das Staatsministerium, November 1921 – November 1925, Ostfildern 2022.

Geis, Manfred/Nestler, Gerhard (Hg.): Die pfälzische Sozialdemokratie. Beiträge zu ihrer Geschichte von den Anfängen bis 1948/49, Edenkoben 1999.

Geßler, Otto: Reichswehrpolitik in der Weimarer Zeit, hg. v. Kurt Sendtner, Stuttgart 1958.

Geyer, Martin H.: Die Zeit der Inflation 1919–1923, in: Rossol/Ziemann (Hg.): Aufbruch, S. 66–92.

Geyer, Martin H.: Verkehrte Welt. Revolution, Inflation und Moderne. München 1914–1924, Göttingen 1998.

Goch, Stefan: Gewalteskalation während der Ruhrbesetzung. Fortsetzung des Weltkrieges oder Klassenkampf?, in: Grütter/Wuttke/Zolper (Hg.): Hände, S. 165–181.

Graf, Rüdiger: Die Zukunft der Weimarer Republik. Krisen und Zukunftsaneignungen in Deutschland 1918–1933, München 2008.

Grütter, Heinrich Theodor/Wuttke, Ingo/Zolper, Andreas (Hg.): Hände weg vom Ruhrgebiet! Die Ruhrbesetzung 1923–1925. Katalog zur gleichnamigen Ausstellung im Ruhr Museum, Essen vom 12.1. – 27.8.2023, Essen 2023.

Hannig, Nicolai/Mares, Detlev (Hg.): Krise! Wie 1923 die Welt erschütterte, Darmstadt 2023.

Hannig, Nicolai: Die Ruhrbesatzung. Gewaltauftakt zum Krisenjahr 1923, in: Hannig/Mares (Hg.): Krise, S. 60–76.

Hennig, Diethard: Johannes Hoffmann. Sozialdemokrat und Bayerischer Ministerpräsident. Biographie, München 1990.

Hürten, Heinz (Bearb.): Das Krisenjahr 1923. Militär und Innenpolitik 1922–1924, Düsseldorf 1980.

Hürten, Heinz (Bearb.): Zwischen Revolution und Kapp-Putsch. Militär und Innenpolitik 1918–1920, Düsseldorf 1977.

Jeannesson, Stanislas: Übergriffe der französischen Besatzungsmacht und deutsche Beschwerden, in: Krumeich/Schröder (Hg.): Schatten, S. 207–231.

Jones, Mark: 1923. Ein deutsches Trauma, Berlin 2022.

Kahlenberg, Friedrich P. (Bearb.): Die Berichte Eduard Davids als Reichsvertreter in Hessen 1921–1927, Wiesbaden 1970.

Kellerhoff, Sven-Felix: Der Putsch: Hitlers erster Griff nach der Macht, Stuttgart 2023.

Kling, Jutta: Aspekte der französischen Rheinlandbesetzung in Worms und Rheinhessen vor dem Hintergrund der deutschen-französischen Beziehungen in der Nachkriegszeit (1918–1930), in: Bönnen/Nagel (Hg.): Worms, S. 232–305.

Knortz, Heike: Deutsche Wirtschaftsgeschichte der Weimarer Zeit. Eine Einführung in Ökonomie, Gesellschaft und Kultur der ersten deutschen Republik, Göttingen 2021.

Knortz, Heike: Das »Wunder« der Rentenmark und die Überwindung der Inflation – ein Erfolg für die Weimarer Republik?, in: Weimarer Republik e. V. (Hg.): Trauma, S. 26–31.

Kollwitz, Käthe: Ich sah die Welt mit liebevollen Blicken. Ein Leben in Selbstzeugnissen, hg. v. Hans Kollwitz, Wiesbaden 2017.

Krüger, Gerd: »Ein Fanal des Widerstandes im Ruhrgebiet«. Das »Unternehmen Wesel« in der Osternacht des Jahres 1923. Hintergründe eines angeblichen »Husarenstreichs«, in: Mitteilungen des Instituts für soziale Bewegungen 24 (2000), S. 95–140.

Krumeich, Gerd/Schröder Joachim (Hg.): Der Schatten des Weltkriegs: Die Ruhrbesetzung 1923, Essen 2004.

Krumeich, Gerd: Der »Ruhrkampf« als Krieg. Überlegungen zu einem verdrängten deutsch-französischen Konflikt, in: Krumeich/Schröder (Hg.): Schatten, S. 9–24.

Lehnert, Detlef: Die Weimarer Republik, Stuttgart [2]2009.

Longerich, Peter: Außer Kontrolle. Deutschland 1923, Wien/Graz 2022.

Mares, Detlev: Böses Lachen. Feind- und Selbstbilder in der politischen Bildsatire des Simplicissimus, in: Hannig/Mares (Hg.): Krise, S. 220–239.

Meier-Welcker, Hans: Seeckt, Frankfurt a. M. 1967.

Mommsen, Hans: Die verspielte Freiheit. Aufstieg und Untergang der Weimarer Republik. Neuauflage Berlin 2018.

Morsey, Rudolf: Die Deutsche Zentrumspartei 1917–1923, Düsseldorf 1966.

Mühlhausen, Walter (Hg.): Friedrich Ebert – Reden als Reichspräsident (1919–1925). Reihe: Friedrich Ebert Reden, Band 1, Bonn 2017.

Mühlhausen, Walter: Reichspräsident und Ausnahmezustand. Friedrich Ebert und die Anwendung von Artikel 48 zur Wiederherstellung von Sicherheit und Ordnung; in: Andreas Braune/Michael Dreyer/Sebastian Elsbach (Hg.): Vom drohenden Bürgerkrieg zum demokratischen Gewaltmonopol (1918–1924), Stuttgart 2021, S. 149–170.

Mühlhausen, Walter: Das Weimar-Experiment. Die erste deutsche Demokratie 1918–1933, Bonn 2019.

Mühlhausen, Walter: Friedrich Ebert 1871–1925. Reichspräsident der Weimarer Republik, Bonn [2]2007.

Mühlhausen, Walter: Hessen in der Weimarer Republik. Politische Geschichte 1918–1933, Wiesbaden 2021.

Müller, Barbara: Passiver Widerstand im Ruhrkampf. Eine Fallstudie zur gewaltlosen zwischenstaatlichen Konfliktaustragung und ihren Erfolgsbedingungen, Münster 1995.

Niess, Wolfgang: Der Hitlerputsch 1923. Geschichte eines Hochverrats, München 2023.

Ohnezeit, Maik: Zwischen »schärfster Opposition« und dem »Willen zur Macht«. Die Deutschnationale Volkspartei (DNVP) in der Weimarer Republik 1918–1928, Düsseldorf 2011.

Ostwald, Hans: Sittengeschichte der Inflation. Ein Kulturdokument aus den Jahren des Marksturzes, Berlin 1931.

Pastewka, Janosch: Koalitionen statt Klassenkampf. Der sächsische Landtag in der Weimarer Republik 1918–1933, Ostfildern 2018.

Paulus, Julia: Von idealisierten Müttern und »seelenlosen Weibern«. ›1923‹ im (Zerr)Spiegel geschlechtspolitischer Diskurse, in: Hannig/Mares (Hg.): Krise, S. 125–141.

Poetzsch, Fritz: Vom Staatsleben unter der Weimarer Verfassung (vom 1. Januar 1920 bis 31. Dezember 1924), in: Jahrbuch des Öffentlichen Rechts der Gegenwart XIII (1925), S. 1–248.

Pohl, Karl Heinrich: Sachsen 1923. Das linksrepublikanische Projekt – eine vertane Chance für die Weimarer Demokratie?, Göttingen 2022.

Raithel, Thomas: Das schwierige Spiel des Parlamentarismus. Deutscher Reichstag und französische Chambre des Députés in den Inflationskrisen der 1920er Jahre, München 2005.

Reuth, Rolf Georg: 1923 – Kampf um die Republik, München 2023.

Roelevink, Eva-Maria: Währung in der Krise. Die Hyperinflation und Hans Falladas »Wolf unter Wölfen«, in: Hannig/Mares (Hg.): Krise, S. 77–92.

Rossol, Nadine/Ziemann, Benjamin (Hg.): Aufbruch und Abgründe. Das Handbuch der Weimarer Republik, Darmstadt 2021.

Ruck, Michael: Die Freien Gewerkschaften im Ruhrkampf 1923, Köln 1986.

Schmeitzner, Mike: Alfred Fellisch 1884–1973. Eine politische Biographie, Köln 2000.

Schmeitzner, Mike: Erich Zeigner (1886–1949). Linkssozialist im Zweispalt, in: Michael Rudloff/Mike Schmeitzner (Hg.): »Solche Schädlinge gibt es auch in Leipzig«. Sozialdemokraten und die SED, Frankfurt a. M. 1997, S. 106–139.

Schnorrenberg, Angelika: Der Düsseldorfer »Blutsonntag«, 30. September 1923, in: Krumeich/Schröder (Hg.): Schatten, S. 289–303.

Schott, Dieter: Kampf dem »Wucher«. Stadt-Land-Konflikte während der Hyperinflation, in: Hannig/Mares (Hg.): Krise, S. 93–110.

Schulze, Hagen: Weimar. Deutschland 1917–1933, Berlin 1982.

Sozialdemokratischer Parteitag 1924. Protokoll mit dem Bericht der Frauenkonferenz, Berlin 1924 (Nachdruck Berlin u. a. 1974).

Spindler, Matthias: »Das Volk will heraus aus der Not!« Hintergründe und Folgen der »Hoffmann-Aktion« vom Oktober 1923, in: Geis/Nestler (Hg.): Sozialdemokratie, S. 373–379.

Stampfer, Friedrich: Die vierzehn Jahre der ersten deutschen Republik, Hamburg [3]1953.

Stocker, Frank: Die Inflation von 1923. Wie es zur größten deutschen Geldkatastrophe kam, München [2]2022.

Stremmel, Ralf: Zwischen Patriotismus und Gesellschaftsinteresse. Positionen der Industrie während des Ruhrbesetzung, in: Grütter/Wuttke/Zolper (Hg.): Hände, S. 79–91.

Stresemann, Gustav: Vermächtnis. Der Nachlass in drei Bänden. Band 1. Vom Ruhrkrieg bis London, hg. v. Henry Bernhard unter Mitarbeit von Wolfgang Goetz und Paul Wiegler, Berlin 1932.

Süß, Peter: 1923. Endstation. Alles einsteigen! Berlin 2022.

Taylor, Frederick: Inflation. Der Untergang des Geldes in der Weimarer Republik und die Geburt eines deutschen Traumas, München 2013.

Tesch, Johanna und Richard: Der Deiwel soll die ganze Politik holen. Ein Briefwechsel aus Deutschlands erster parlamentarischer Demokratie 1919–1925, hg. v. Institut für Stadtgeschichte Frankfurt am Main u. a., Frankfurt a. M. 2021.

Teupe, Sebastian: Zeit des Geldes. Die deutsche Inflation zwischen 1914 und 1923, Frankfurt a. M. 2022.

Ullrich, Volker: 1923 als Schlüsseljahr für 1933?, in: APuZ 73 (2023) H. 4, S. 10–16.

Ullrich, Volker: Deutschland 1923. Das Jahr am Abgrund, München 2022.

Ursachen und Folgen. Vom deutschen Zusammenbruch 1918 und 1945 bis zur staatlichen Neuordnung Deutschlands in der Gegenwart. Eine Urkunden- und Dokumentensammlung zur Zeitgeschichte: Hg. und bearb. von Herbert Michaelis und Ernst Schraepler unter Mitarbeit von Günter Scheel:
– Vierter Band: Die Weimarer Republik. Vertragserfüllung und innere Bedrohung 1919/1922, Berlin o. J. [1960].
– Fünfter Band: Die Weimarer Republik. Das kritische Jahr 1923, Berlin o. J. [1961].
– Sechster Band: Die Weimarer Republik. Die Wende der Nachkriegspolitik 1924–1928. Rapallo – Dawesplan – Genf, Berlin o. J. [1961].

Wallwitz, Georg von: Die große Inflation. Als Deutschland wirklich pleite war, Berlin 2021.

Weber, Petra: Gescheiterte Sozialpartnerschaft – Gefährdete Republik? Industrielle Beziehungen, Arbeitskämpfe und der Sozialstaat. Deutschland und Frankreich im Vergleich (1918–1933/39), München 2010.

Wehler, Hans-Ulrich: Deutsche Gesellschaftsgeschichte 1914–1949, München 2003.

Weimarer Republik e. V. (Hg.): Trauma 23 – Deutschlands Hyperinflation vor 100 Jahren. Begleitband zur Sonderausstellung Haus der Weimarer Republik, o. O. [Weimar] o. J. [2023].

Winkler, Heinrich August: Arbeiter und Arbeiterbewegung in der Weimarer Republik. Band 1. Von der Revolution zur Stabilisierung 1918 bis 1924, Berlin/Bonn 1984.

Winkler, Heinrich August: Der lange Weg nach Westen. Deutsche Geschichte 1806–1933, München 2000.

Winkler, Heinrich August: Weimar 1918–1933. Die Geschichte der ersten deutschen Demokratie, Neuausgabe München 2018.

Wisotzky, Klaus: »Ein Einzig Volk von Brüdern?« Essen unter französischer Besatzung, in: Grütter/Wuttke/Zolper (Hg.): Hände, S. 31–45.

Wisotzky, Klaus: Der blutige Karsamstag 1923 bei Krupp, in: Krumeich/Schröder (Hg.): Schatten (2004), S. 265–287.

Wuttke, Ingo: Ruhrbesetzung 1923–1945. Eine Einführung, in: Grütter/Wuttke/Zolper (Hg.): Hände, S. 15–29.

Personenverzeichnis

Abbildungsverzeichnis

Demokratie-Geschichte
Wissensreihe im Auftrag der Gesellschaft zur Erforschung der Demokratie-Geschichte
Herausgegeben von Christian Faludi

Die Gesellschaft zur Erforschung der Demokratie-Geschichte (GEDG) wurde im Januar 2021 mit dem Zweck gegründet, sich für die Förderung von Wissenschaft und Forschung einzusetzen. Sie verfolgt das Ziel, der Untersuchung und Vermittlung nationaler wie internationaler Demokratiegeschichte mehr Gewicht zu verleihen und dabei eine breite Öffentlichkeit zu erreichen. Die GEDG wird gefördert von der Beauftragten der Bundesregierung für Kultur und Medien und der Thüringer Staatskanzlei.

Bibliografische Information der Deutschen Nationalbibliothek
Die Deutsche Nationalbibliothek verzeichnet diese Publikation in der Deutschen Nationalbibliografie; detaillierte bibliografische Daten sind im Internet über http://dnb.d-nb.de abrufbar.

Lektorat: Anna Schloss, Wiesbaden
Umschlaggestaltung: Karina Bertagnolli, Wiesbaden
Bildnachweis: Kinder spielen mit den wertlos gewordenen Geldscheinen. 1923 © akg-images
Layout & Satz: Anja Carrà, Weimar
Der Titel wurde in der Freight Sans Pro gesetzt
Gesamtherstellung: CPI books GmbH – Germany

ISBN: 978-3-7374-0302-3

Mehr über Ideen, Autor:innen und Programm des Verlags finden Sie auf www.verlagshaus-roemerweg.de und in Ihrer Buchhandlung.